I0831003

ZIELE SETZEN

MIT

KAIZEN
&
IKIGAI

改善

ANTHONY RAYMOND

Wenn wir einen Kontinent entdeckt oder
eine Gebirgskette überquert haben, ist es
nur, um auf der anderen Seite einen
anderen Ozean oder eine andere Ebene zu
finden...

Wenig wisst ihr von eurer eigenen
Glückseligkeit; denn hoffnungsvoll zu
reisen ist besser, als anzukommen, und der
wahre Erfolg ist die Arbeit.

-Robert Louis Stevenson
El Dorado (1878)

*Dieses Buch ist meiner stets energiegeladenen Mutter
gewidmet.*

INHALT

Einführung 1

Kapitel 1: Einführung in Lingchi 9

Kapitel 2: Einführung in Hansei 25

Kapitel 3: Einführung in Ikigai 39

Kapitel 4: Besiege Prokrastination mit deinem Ikigai 51

Kapitel 5: Einführung in Kaizen 73

Kapitel 6: Dein erster Schritt mit Kaizen 97

Kapitel 7: Zwei häufige Einwände gegen Kaizen 107

Kapitel 8: Kaizen und dein Vermögen 117

Kapitel 9: Kaizen und deine Gesundheit 141

Kapitel 10: Kaizen und deine Beziehungen 167

Kapitel 11: Kaizen und der Sinn des Lebens 181

Fazit 195

Hol dir das Arbeitsblatt

Hier ist Anthony. Ich möchte mich kurz dafür bedanken, dass du dir mein Buch angeschaut hast! Außerdem habe ich ein kleines *begleitendes Arbeitsblatt* erstellt, das dir hilft, deine Lebensziele ins rechte Licht zu rücken und dein persönliches Ikigai (deine ‚wahre Berufung') zu entdecken. Wir werden dieses Arbeitsblatt in Kapitel 3 verwenden. Aber lade es jetzt herunter, damit du vorbereitet bist.

Wenn du dieses Buch auf einem Kindle oder iPad liest, kannst du auf den untenstehenden Link klicken, um es zu erhalten. Die Taschenbuchleser unter euch können den Link in ihr Smartphone oder ihren PC eingeben.

www.AnthonyRaymond.org/316

Einführung

Von Zeit zu Zeit kann es vorkommen, dass du dich schwertust, ein Lebensziel zu erreichen. Das könnte eine Aufnahmeprüfung für die Uni sein, eine Firmengründung, ein Fitnessprogramm oder vielleicht sogar das Ziel, den Partner fürs Leben zu finden. Auch wenn die persönlichen Ziele sehr unterschiedlich sind, so hat doch jeder von uns (jeder Adlige, König, Bettler und Bauer) einen kategorischen Imperativ inne:

Du musst dir jeden Tag neue Ziele (in der einen oder anderen Form) setzen und erreichen, bis zu dem Tag, an dem du stirbst.

Menschsein bedeutet, an einem endlosen Hindernislauf teilzunehmen. Das Rennen beginnt jeden Morgen nach dem Aufwachen. Nachdem du aus den Federn gekrochen bist und deine verschlafenen Augen reibst, wird sich dir schnell das erste Tagesziel offenbaren.

Was steht heute Morgen auf deiner To-do-Liste?

- Ist heute dein erster Schultag?
- Der Tag der Geburt deines Kindes?
- Der Beginn eines neuen Karrierewegs?
- Wirst du mit einem Raumschiff auf dem Mars landen?
- Ist heute dein Hochzeitstag?
- Oder vielleicht hast du heute nichts anderes vor, als Bier zu trinken und Katzenvideos auf YouTube anzusehen.

Obwohl die Größe und die Komplexität deiner Ziele im Laufe deines Lebens variieren werden, wird die Notwendigkeit bestehen bleiben, dir neue Ziele zu setzen. Es wird keinen Tag geben, an dem du ohne jegliches Ziel durchs Leben wandern wirst. Der Marathon des Lebens fordert uns auf, die ganze Zeit in

Bewegung zu bleiben. Das Rennen besteht aus vielen Hindernissen, zermürbenden Sprints und gelegentlichen Kontrollpunkten, an denen du eine kurze Verschnaufpause einlegen kannst – einen Moment, um zu verschnaufen und ein paar High-Fives einzukassieren, bevor es weitergeht. Bereits der amerikanische Autor David Deida schrieb:

„Jeder Augenblick deines Lebens ist entweder eine Prüfung oder eine Party."

Daher ist es in unser aller Interesse, die *Kunst des Zielsetzens* zu beherrschen.

Aber wenn das so stimmt, warum sind wir dann alle so schlecht darin?

- Warum scheitern wir so oft daran, unsere Ziele zu erreichen?
- Warum ist es so schwierig, auf Kurs zu bleiben, selbst wenn wir wissen, dass dieser Kurs in unserem besten Interesse wäre?

Kurioserweise besitzen die meisten von uns bereits die erforderlichen körperlichen und geistigen Fähigkeiten, um beeindruckende Lebensziele zu erreichen. Stell es dir so vor: Wenn ein verrückter Wissenschaftler dir eine Pistole an den Kopf hält und dich zwingt, jeden Abend nach der Arbeit zehn Kilometer auf einem Laufband zu joggen, könntest du es wahrscheinlich tun. Oder wenn man dich in eine Gefängniszelle einsperren würde mit nichts anderem als deinem Biologie-Schulbuch und jemand dir sagt, er lässt dich erst frei und gibt dir eine Million Euro, wenn du deine nächste Klausur mit einer Note eins bestehst – dann würdest du dies wahrscheinlich auch schaffen.

Also, warum tust du es nicht?

Wenn du davon überzeugt bist, dass es in deinem Interesse ist, ein abendliches Workout zu machen oder für den morgigen Test zu lernen, warum kannst du dann nicht einfach *die Arbeit erledigen*, ohne dass sich ein bewaffneter Psychopath an dich heranschleichen muss?

In der Regel sind solche Misserfolge nicht das Ergebnis eines Mangels an Intelligenz oder Ausdauer. Stattdessen fehlen uns die notwendige Überzeugung und die Willenskraft, um ein langfristiges Ziel zu Ende zu bringen. Leider fällt es uns Menschen oft schwer, aus freien Stücken ein langwieriges Projekt zu verfolgen, wenn es keinen äußeren Antrieb gibt, der uns zum Handeln antreibt. Lebensziele fordern uns oft auf, uns täglich zu geistig oder körperlich anstrengenden Aktivitäten zu verpflichten. Aber *Untätigkeit* ist der Standardzustand des Menschen.

Wenn unser Körper bequem, wohlgenährt und sicher ist, dann würde der innere Teil unseres Gehirns, das limbische System (auch bekannt als ‚Reptilienhirn'), es wohl bevorzugen, einfach inaktiv zu bleiben. Während unser bewusster Verstand sich des bevorstehenden Abgabetermins in der nächsten Woche bewusst ist, denkt dieses ‚Reptilienhirn', dass die nächste Woche eine Million Jahre entfernt ist; es lebt im *Hier und Jetzt*, die Zukunft ist ein abstraktes Konzept, das keine unmittelbare Aufmerksamkeit erfordert.

Wenn du deinen niederen Verstand aufforderst, sich drei Stunden lang mit etwas zu beschäftigen, das sich Biologie-Lehrbuch nennt, wird er verschiedene emotionale Zustände wie Müdigkeit, Langeweile, Prokrastination oder Verzweiflung heraufbeschwören, um dich davon abzuhalten, eine so lästige und energieaufwendige Aufgabe auszuführen. Dein limbisches System würde es vorziehen, seine kostbare Energie *nicht* für ein paar Leckerbissen an Informationen über das Verdauungssystem von Fröschen einzutauschen – vor allem dann nicht, wenn die einzige Belohnung für diese Anstrengung ein kleines Stück Papier ist, auf dem eine große ‚1+' steht. Deswegen könnte man auch sagen:

Die Aufgabe deines Gehirns ist es sicherzustellen, dass du überlebst, nicht dass du abhebst.

Unser Verstand scheint oft zwei gegensätzliche Ziele zu verfolgen. Die Aktivitäten, die wir *tun sollten*, sind oft nicht die Aktivitäten, die das limbische System unbedingt gerne tut.

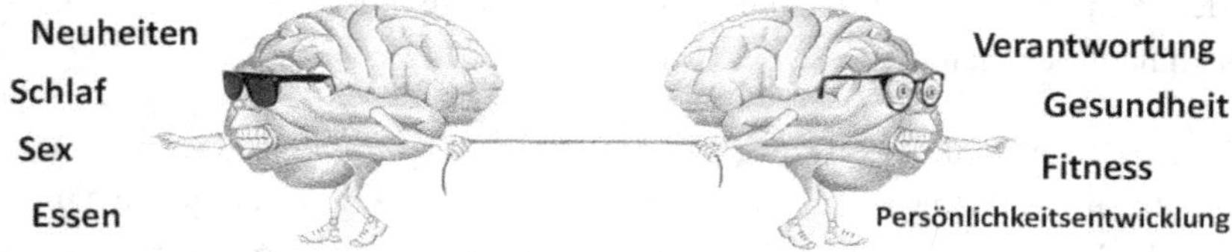

Während dein bewusster Verstand vielleicht wirklich fleißig sein und den Berg der Selbstverwirklichung erklimmen möchte, will dein Reptilienhirn oft nicht mitkommen.

- Gibt es eine Möglichkeit, solche divergierenden Imperative zu harmonisieren?
- Was können wir tun, um unser Gehirn davon zu überzeugen, auf Kurs zu bleiben; seine Energien auf die Verfolgung *konstruktiver Lebensziele* zu konzentrieren, anstatt auf fleischliche Lüste?

Die Antwort auf diese Fragen liegt darin, zunächst den Unterschied zwischen *intrinsischer* und *extrinsischer* Motivation zu erkennen. Wenn jemand von dir verlangt, etwas zu tun (z. B. bei vorgehaltener Waffe zu rennen), dann unterliegst du einem extrinsischen Motivator – du wirst durch externe Kräfte wie Belohnung oder Bestrafung zum Handeln gezwungen. Bei der *intrinsischen Motivation* hingegen werden die Handlungen durch ein inneres Verlangen angetrieben – vielleicht angespornt durch das Streben nach Meisterschaft, den Nervenkitzel der körperlichen Anstrengung oder die Befriedigung, ein nützliches Ziel zu erreichen.

- Wäre das Leben nicht einfacher, wenn es einen Weg gäbe, deinen Geist auszutricksen, um intrinsisch motiviert zu werden, anstatt sich auf externe Antreiber verlassen zu müssen – wie einen Chef, ein Elternteil oder einen Lehrer?

- Was wäre, wenn du lernen könntest, die Auslöser und mentalen Fallen zu erkennen, die dazu führen, dass du prokrastinierst, Dinge aufschiebst oder dich selbst sabotierst?
- Was wäre, wenn du die Art und Weise ändern könntest, wie du deine Lebensziele wahrnimmst? Und du lernen könntest, Ziele in ihre kleineren Bestandteile zu zerlegen – sodass jeder kleine Schritt in Richtung deines Ziels überschaubar wirkt?

Nun, das ist es, was dieses Buch dir beibringen möchte.

- Es ist an der Zeit, diesen alten Gewohnheiten ein Ende zu setzen und etwas Neues auszuprobieren.
- Es ist an der Zeit, mit dem Zögern aufzuhören.
- Es ist an der Zeit, zu lernen, wie man sich Ziele setzt und sie mit Elan erreicht.

Die vier Konzepte

In diesem Buch werden wir dir vier Konzepte aus dem asiatischen Kulturkreis vorstellen:

1. Lingchi
2. Hansei
3. Ikigai
4. Kaizen

L I N G C H I

,Lingchi' ist ein chinesischer Begriff, der im Westen üblicherweise mit ,Tod durch tausend Schnitte' oder auch ,schleichender Tod' übersetzt wird. Wir werden diese Metapher im gesamten Buch verwenden, da sie die Natur des menschlichen Versagens und die Schwierigkeiten so schön beschreibt, auf die wir stoßen, wenn wir versuchen, ihre Ursache zu identifizieren. Vielleicht hast du schon bemerkt, dass deine größten Lebensprobleme in der Regel *nicht* auf ein einzelnes Problem zurückzuführen sind. Vielmehr entstehen sie durch ,tausend kleine Schnitte' – tausend kleine ruinöse Entscheidungen, die zusammenkommen und eine verwirrende Situation schaffen. Wenn du lernst, diese Verfehlungen zu erkennen, *bevor* sie sich häufen, kannst du ihnen Einhalt gebieten und verhindern, dass unerwünschte Umstände zu Situationen eskalieren, die deinen Lebenszielen abträglich sind.

H A N S E I

Das zweite Konzept ist ,Hansei' (ehrliche Selbstreflexion). Hansei ist eine japanische Methode, um zu verstehen, ,was schiefgelaufen ist'. Es geht darum, durch sorgfältige Betrachtung deiner vergangenen Fehler Klarheit im Denken zu erlangen. Wenn du in Hansei geübt bist, wirst du besser in der Lage sein, die vielschichtigen Fehler deiner Vergangenheit zu analysieren und zu verhindern, dass du die gleichen Fehler in der Zukunft machst.

I K I G A I

Das dritte Konzept ist ‚Ikigai'. Ikigai ist eine japanische Lebensstrategie, die betont, wie wichtig es ist, seine wahre Berufung zu finden. Umgangssprachlich kann das Wort mit dein persönlicher ‚Sinn des Lebens' oder dein persönlicher ‚Grund, morgens aus dem Bett zu kommen' übersetzt werden. Diese Denkweise wird von den besonders alt werdenden Bewohnern der Insel Okinawa aufrechterhalten – viele von ihnen geben ihr Ikigai als Grund für ihr beeindruckend hohes Lebensalter an. Das Streben nach dem eigenen Ikigai ist eine wichtige Reise der Selbstentdeckung. Wenn du den Beruf, für den du am besten geeignet bist, richtig identifizieren kannst, wird der Funke der intrinsischen Motivation in dir aufleuchten – und den Treibstoff entzünden, der deine Leidenschaften antreibt und dich zu bedeutenden Leistungen anspornt.

K A I Z E N

Und schließlich kann die Lösung für viele unserer Probleme bei der Setzung von Zielen im vierten Konzept ‚Kaizen' gefunden werden – oft übersetzt als ‚kontinuierliche Verbesserung'. Mit Kaizen verstehen wir, dass die Antworten auf die großen Probleme des Lebens nicht von einer magischen Tablette kommen. Stattdessen sind echte Lösungen in der Regel das Ergebnis jahrelanger, konzentrierter Arbeit und Hingabe. Kaizen lehrt uns, wie man riesige Hindernisse zerschmettert; wie man sie in ihre handlicheren Bestandteile zerlegt. Und wie man jede Hürde durch kontinuierliche, allmähliche und konsequente tägliche Anstrengung überwindet.

Fangen wir an?

Wenn du deinen Geist darauf trainierst, dir diese vier Konzepte stets bewusst zu machen, wirst du eine einzigartige Perspektive für die Erfüllung von Zielen haben – eine, die nur wenige Menschen in der westlichen Welt jemals kennengelernt haben. Die Synergie dieser Ideen wird dich in die Lage versetzen, mehr Selbstdisziplin, Fokus, Durchhaltevermögen und Antrieb aufzubringen. Selbst deine anspruchsvollsten Lebensziele können für dich plötzlich erreichbar werden.

Bist du bereit, loszulegen?

Dann lies weiter und lass uns deine Fähigkeiten zum Setzen von Zielen auf eine neue Stufe heben.

Kapitel 1: Einführung in Lingchi

Die Geschichte von Lingchi

Im kaiserlichen China wurden diverse Foltermethoden zur Bestrafung von Kriminellen und korrupten Beamten eingesetzt. Eine besonders grausame Technik, Lingchi, schürte die morbide Neugier westlicher Eindringlinge, die gelegentlich über das Ritual in blutigen Details schrieben (und es manchmal auch fotografierten). Im Englischen wird der Begriff ‚Lingchi' traditionell übersetzt mit ‚death by a thousand cuts', was auf Deutsch ‚Tod durch tausend Schnitte' bedeutet. In der typischen Darstellung der Praxis schneidet der Henker mit einem scharfen Messer kleine Hautfetzen methodisch aus dem Körper des Opfers. Dies geschieht über einen längeren Zeitraum von mehreren Stunden bis zu mehreren Tagen, was zu unerträglichen Schmerzen und schließlich zum Tod führt. Berichte über Lingchi-ähnliche Methoden finden sich in der Zeit der Zhou-Dynastie (ca. 1045 bis 256 v. Chr.), wo sie als Strafe für ungeheuerliche Verbrechen wie Verrat oder Mord und manchmal auch als Mittel zur Abschreckung politischer Rivalen eingesetzt wurden.

Seit Ende des 19. Jahrhunderts kursieren westliche Berichte über Lingchi:

- Der englische Journalist Sir Henry Norman beschrieb diese Praxis 1895 in seinem Buch ‚Die Völker und die Politik des Fernen Ostens' (*The Peoples and Politics of the Far East*). Seine Beschreibungen basierten jedoch auf sekundären Quellen, da er nie persönlich Zeuge einer Lingchi-Zeremonie gewesen ist.
- Vier Jahre später, während des chinesischen Boxeraufstands von 1899, schossen französische Soldaten der Vereinigten Acht Staaten die ältesten erhaltenen Fotos von Lingchi. Das berühmteste Foto ist das eines psychisch labilen Jungen, der seine Mutter ermordet hatte. Einige dieser Bilder wurden 1930 von dem französischen Psychologen George Dumas in seinem Buch *Nouveau Traité de Psychologie* (übersetzt etwa: ‚Neue Methoden der Psychologie') veröffentlicht.
- 1905 wurde Lingchi in China offiziell abgeschafft, allerdings im April desselben Jahres ein letztes Mal eingesetzt, um einen mongolischen Wächter zu foltern, der den Fürsten seiner Region ermordet hatte. Zwölf Fotos seiner Hinrichtung existieren bis heute.

Heute ist nicht gesichert, ob jede Lingchi-Strafe tatsächlich so vollstreckt wurde, wie sie in westlichen Darstellungen beschrieben wird. Einige Reisende erzählten nach ihrer Rückkehr aus China schreckliche Geschichten über mehrstündige Schnitt-Rituale an der Haut, während andere darauf bestanden, dass das Opfer schon lange tot war, bevor das Aufschneiden überhaupt begann. Wir werden also vielleicht nie erfahren, wie authentisch unsere Lingchi-Berichte sind. Wir wollen uns aber nicht zu sehr mit den grausamen Details der Geschichte beschäftigen. Stattdessen sind wir an der Metapher interessiert.

Die Lingchi-Metapher

Wenn man die neuesten Schlagzeilen in den Zeitungen liest, ist es leicht, mit Entsetzen auf die bedauernswerten Verbrechen zu starren, die es auf die Titelseite schaffen. Die Morde, die Raubüberfälle, die Banküberfälle – das sind in der Tat verwerfliche Handlungen. Aber sie machen nicht die Mehrheit der menschlichen Verfehlungen aus. Die meisten von uns sind (trotz unserer vielen persönlichen Schwächen) eigentlich recht harmlos. Selbst die gewalttätigsten Männer unter uns sind in der Regel nur für ein paar Momente in ihrem ganzen Leben gewalttätig; den Rest ihrer Zeit verbringen sie in relativem Frieden.

Es ist zwar möglich, dass du jemanden kennst, der ein ruchloses Verbrechen wie Mord, Vergewaltigung oder Raub begangen hat, aber es ist wahrscheinlich, dass du selbst noch nie an einer Straftat dieses Kalibers beteiligt warst. Für die meisten von uns wird unser Leben nicht durch eine einzige schreckliche Gewalttat definiert. Stattdessen ist unser Leben mit tausend kleinen Verfehlungen, tausend kleinen Sünden oder tausend kleinen Einschnitten belastet. Unsere kleinen täglichen Verstöße schaffen es nie in die Tagesschau.

Wenn du auf die Herausforderungen des Lebens in Bezug auf Gesundheit, Wohlstand und Beziehungen zurückblickst, wirst du feststellen, dass persönliche Misserfolge typischerweise nicht das Ergebnis eines *einzigen* Problems sind. Stattdessen sind die großen Probleme im Leben – also die Themen, die wirklich wichtig sind – normalerweise das Ergebnis vieler kleiner Probleme; es sind die unzähligen und scheinbar winzigen Probleme, die sich Jahr für Jahr anhäufen:

- Die kleinen Notlügen, die du deinem Ehepartner nach der letzten Betriebsparty erzählt hast.
- Die eine Bratwurst zu viel, die du beim Grillfest gegessen hast.
- Der Sportkurs am Wochenende, zu dem du zu faul warst.
- Die wilde Samstagnacht, in der du gefeiert hast, anstatt dich auf die Prüfung vorzubereiten.
- Der Montagmorgen, an dem du zu spät im Büro aufgetaucht bist.
- Die Ecken und Enden, an denen du bei der Veröffentlichung deines letzten Produkts gespart hast.

Jeweils einzeln betrachtet, fallen diese Verfehlungen gar nicht auf. Aber mit der Zeit kann die Anhäufung dieser Verfehlungen zu einem katastrophalen Ergebnis führen. Tausend *kleine Probleme* fügen sich zu einem *großen Problem* zusammen, und deine Lebensziele unterliegen dem Lingchi – dem Tod durch tausend Schnitte.

Ähnliche Beobachtungen wurden auch in anderen Kulturen gemacht:

- Der römische Philosoph Seneca der Jüngere (4 v. Chr. - 65 n. Chr.) schrieb einmal: „Es ist nicht der letzte Tropfen, der die Wasseruhr leert, sondern alles, was vorher geflossen ist."
- In seiner Debatte im Jahr 1684 mit John Bramhall rief Thomas Hobbes aus: „[Es ist] die letzte Feder, von der man sagen kann, dass sie einem Pferd den Rücken bricht."
- Am häufigsten verwenden wir heute die Formulierung ‚der letzte Tropfen, der das Fass zum Überlaufen bringt', aus dem Englischen wörtlich übersetzt als ‚der Strohhalm, der dem Kamel den Rücken brach' (*the straw that broke the camel's back*), um das Endergebnis eines kumulativen Prozesses zu beschreiben.

Solche Metaphern helfen uns, uns an unsere begrenzte Fähigkeit zu erinnern, die Ursachen komplexer Probleme zu erkennen. Es ist leicht, unsere Misserfolge im Spiel des Lebens nur einem Umstand oder einer Person anzulasten – einem emotional distanzierten Elternteil, einem ungerechten Lehrer, einem skrupellosen Chef oder einem übergriffigen Ehepartner. Natürlich, solche toxischen Beziehungen tragen zu unserem Unglück bei. Aber wenn du auf deine Vergangenheit zurückblickst, kannst du erkennen, auf welche Weise dein eigenes Verhalten deinen Lebenszielen abträglich war?

- Kannst du dir die lange Kette von Fehlentscheidungen vorstellen, die letztendlich dazu geführt hat, dass du eines deiner Ziele aufgegeben hast?
- Kannst du die vielen Fehlurteile, die du jeden Tag begehst, leicht identifizieren?
- Kannst du dich selbst dabei beobachten, wie du dieselben schlechten Lebensentscheidungen triffst, immer und immer wieder?

In der Tat ist es wichtig für die Entwicklung deiner Fähigkeit, Ziele zu erreichen, dir bewusst zu machen, wie und warum diese kleinen Vergehen auftreten. Deine geübte Fähigkeit, eine tiefere Ebene der Selbsterkenntnis über deine vergangenen Verfehlungen zu erreichen, wird ‚Hansei' genannt – worauf wir in Kapitel 2 eingehen werden. Aber nehmen wir uns erst einmal einen Moment Zeit, um die sieben Arten von Verfehlungen aufzulisten, die deinen Lebenszielen abträglich sind.

Die Sieben Todsünden

Durch die Jahrtausende hindurch wurden viele Anstrengungen unternommen, die moralischen Fehler des Menschen zu kodifizieren. Eine der ältesten solcher sogenannter Taxonomien sind die Sieben Todsünden. Entgegen der landläufigen Meinung kommt diese Liste nicht in der Bibel vor. Stattdessen wird ihr Ursprung vor allem dem Werk von Evagrius Ponticus (oder ‚Evagrius der Einsame') zugeschrieben – einem hochgebildeten christlichen Asketen, der den größten Teil seines Werkes in Ägypten von 385 n. Chr. bis zu seinem Tod im Jahr 399 n. Chr. schuf. Als klassischer Gelehrter war Evagrius in der Lage, einige der bestehenden mündlichen Lehren der sogenannten *Wüstenväter*, einer in der Wüste Scetes lebenden Gruppe von christlichen Eremiten und Mönchen, zu katalogisieren und zu systematisieren.

Die Sieben Todsünden stellen den Evagrius' Versuch dar, die sieben verderblichsten ‚Leiden' zu nennen, von denen er glaubte, dass alle guten Menschen ständig darum kämpfen sollten, sie zu bändigen. Es sind:

1. **Wollust**: ungezügeltes sexuelles Verlangen.
2. **Völlerei**: das übermäßige Genießen (oder der übermäßige Konsum) von irgendetwas (Essen, Sex, Macht usw.).
3. **Habgier**: das raubtierhafte Streben nach materiellem Besitz.
4. **Trägheit**: eine Abneigung gegen die Arbeit oder eine apathische Einstellung zu täglichen Aktivitäten.
5. **Zorn**: unkontrollierte Gefühle von Ärger, Wut und Hass.
6. **Neid**: Missgunst über die Eigenschaften oder Besitztümer anderer.
7. **Hochmut**: übertriebene Selbstüberschätzung oder unangebrachtes Selbstvertrauen.

Man muss kein religiöser oder spiritueller Mensch sein, um den Wert in einem Leben zu sehen, das frei von solchen Lastern ist (ich persönlich bin überhaupt nicht sehr religiös). Ob du glaubst, dass Gott dich niederstrecken wird, nachdem du eines dieser Vergehen begangen hast oder nicht, ist für unseren Diskurs irrelevant. Entscheidend ist, dass du erkennst, dass die Sieben Todsünden nur eine

Warnung davor sind, die eigenen natürlichen Begierden zu sehr auszuleben. Jede dieser Verhaltensweisen hat einen Nutzen, wenn sie angemessen umgesetzt wird.

1. **Lustvolles** sexuelles Begehren ermöglicht die menschliche Fortpflanzung.
2. **Unbändiger** Hunger veranlasst uns, nach Nahrung zu suchen.
3. **Habgier** (oder das Streben nach materiellen Gütern) ist insofern essenziell, als wir einige Besitztümer halten müssen, nur um zu überleben.
4. **Trägheit** kann uns davon abhalten, Energie für Aktivitäten aufzuwenden, die möglicherweise keinen Nutzen bringen.
5. **Zorn** kann in Zeiten gerechtfertigt sein, in denen Selbstverteidigung notwendig ist.
6. **Neid** kann uns zum Handeln anstacheln und uns antreiben, unsere Position im Leben zu verbessern.
7. **Hochmut oder Stolz** kann in Form eines temperamentvollen und selbstbewussten Auftretens passend zur Schau gestellt werden.

Keines dieser Verhaltensweisen ist an und für sich böse. Erst wenn sie auf die Spitze getrieben werden, werden diese Handlungen zu ‚Todsünden'.

Wenn du an die Zeiten deines Lebens zurückdenkst, in denen du anfällig für diese Versuchungen warst, wirst du wahrscheinlich feststellen, dass die meisten deiner Missetaten nicht zu ‚großen' Problemen geführt haben.

- Du hast wohl noch nie eine Ehe durch Wollust zerstört.
- Du hast dich wahrscheinlich nie aus Völlerei oder Trägheit auf ein Körpergewicht von 200 Kilo gemästet.
- Und du warst wahrscheinlich noch nie zornig oder neidisch genug, um jemanden zu ermorden.

Stattdessen manifestieren sich diese Laster im Alltag meist in Form von tausend unauffälligen Verfehlungen (tausend kleinen Schnitten). Im Leben von Studierenden an den Hochschulen z. B. treten solche Sünden oft in Form von folgenden Verhaltensweisen auf, die die Produktivität zerstören:

1. **Wollust**: Das Anschauen von Pornografie, wenn du eigentlich lernen solltest.
2. **Völlerei**: Den Abend mit dem Reinschaufeln von Tiefkühlpizza, Chicken-Wings und Bier zu verbringen.

3. **Habgier**: Online-Shopping für Dinge, die du dir wünschst, aber nicht brauchst.
4. **Trägheit**: Spielen von Videospielen.
5. **Zorn**: Ablenkende Gedanken über vergangene Liebschaften oder aktuelle Rivalen an der Uni.
6. **Neid**: Eifersucht auf das neue Auto deines Kommilitonen hegen.
7. **Hochmut**: Das Zurschaustellen, dass man zu schlau zum Lernen ist oder dass Hausaufgaben für dumme Menschen sind.

Wir sollten zur Kenntnis nehmen, wie belanglos die oben aufgeführten Verfehlungen sind. Wenn du einen Abend damit verbringst, Pizza zu essen, Bier zu trinken, Pornos zu schauen, Videospiele zu spielen, bei eBay einzukaufen und den neuen BMW deines Kommilitonen neidisch anzuglotzen, dann wird dir wahrscheinlich nichts passieren (tatsächlich wirst du wahrscheinlich einen ziemlich guten Abend haben). Aber denk daran, das Lingchi-Konzept ist definiert als ‚Tod durch tausend Schnitte' – nicht nur durch einen. Eine einzige Nacht mit leicht dekadentem Verhalten hat noch niemandem geschadet. Stattdessen ereignet sich die Tragödie in der Regel nach der Anhäufung von Tausenden solcher Abende, die schließlich zu einem verderblichen Angriff auf deine Lebensziele und deine Psyche führen.

Die drei Zielkiller

Die Sieben Todsünden sind nützlich für die Moment-zu-Moment-Überwachung von persönlichen Verhaltensweisen. Wenn es jedoch darum geht, die Handlungen zu identifizieren, die den langfristigen Zielen am meisten schaden, könnten wir eine zusätzliche (praktischere) Einordnung vorschlagen – die ‚drei Zielkiller'.

Zielkiller Nr. 1: Inaktivität

Die Beherrschung der Kunst der persönlichen Selbstdisziplin beginnt damit, dass wir zunächst erkennen, welche Verhaltensweisen für unser geistiges und körperliches Wohlbefinden am schädlichsten sind. Es ist einfach, sich in einer negativen Rückkopplungsschleife zu verfangen. Je weiter wir uns von unserem Lebensweg entfernen, desto mehr ermüden wir und sind ängstlich und deprimiert. Diese Emotionen können sich in lethargischem Verhalten äußern – was uns noch weniger produktiv macht. Die daraus resultierende Lustlosigkeit führt dazu, dass wir noch weiter vom Kurs abkommen – was wiederum eine weitere Runde negativer Emotionen auslöst. Und so dreht sich die Spirale weiter nach unten …

Der Auslöser, der diese negative Kaskade in Gang setzt, kann physiologischer Natur sein (bedingt durch Bewegungsmangel, Übergewicht oder Drogenkonsum). Oder es kann die Folge eines psychischen Leidens wie einer Depression sein. In jedem Fall ist die Inaktivität, die während solcher Episoden auftritt, schädlich für deine Bemühungen zur Erreichung von Zielen.

Durch Untätigkeit verlieren wir wertvolle Zeit.

Einen Tag in der Schule zu schwänzen oder eine Hausaufgabe für die Schule nicht zu machen, könnte eventuell leichte kurzfristige Folgen haben. Wie wir jedoch in diesem Kapitel betont haben, sterben große Lebensziele einen langsamen Tod – einen, der durch eine Million kleiner Verzögerungen herbeigeführt wird, deren Anhäufung zu einem Zustand tötender Stagnation führt.

Eines Tages – vielleicht in zehn Jahren – wachst du plötzlich auf und stellst fest, dass deine Lebenssituation unverändert ist oder sich sogar verschlechtert hat. Dies ist die unglücklichste Folge von Untätigkeit, Lethargie, Zaudern und Trägheit. Wenn deine Zeit einmal vorbei ist, ist sie vorbei. Der Mensch kann viele Dinge erschaffen, aber wir können die Zeit nicht vermehren. Die Zeit, die dir für die Erreichung deiner Ziele zur Verfügung steht, wird immer kürzer. Mit jedem Ticken der Uhr rückt das Ende deiner Zeit näher. Deshalb musst du deine Zeit so wertschätzen, wie du einen Diamantring oder eine goldene Uhr wertschätzen würdest. Es ist eine kostbare Ressource, die nie wieder aufgefüllt werden kann.

Untätigkeit führt zu übereilten Entscheidungen.

Angesichts einer bevorstehenden Abgabefrist ist die Versuchung groß, die für die Fertigstellung des Projekts zur Verfügung stehende Zeit als viel länger wahrzunehmen, als sie tatsächlich ist. Diese Illusion ist dir wahrscheinlich gut bekannt. In der Schule hast du vielleicht die Aufgabe bekommen, bis zum nächsten Freitag einen Aufsatz zu fertigen, hast es aber geschafft, bis Donnerstag um 20.00 Uhr kein einziges Wort zu Papier zu bringen. Wenn du deinen Verstand endlich davon überzeugst, an dem Projekt zu arbeiten, stehen dir nur noch wenige Stunden zur Verfügung. Also nimmst du Abkürzungen, du triffst übereilte Entscheidungen in letzter Minute, die zu minderwertiger Arbeit führen. Natürlich sind auch Erwachsene anfällig für ähnliche Anfälle von Prokrastination. Aber die Konsequenzen eines Versagens im jungen Alter sind umso schädlicher – sie wirken sich negativ auf zukünftige akademische, finanzielle und persönliche Ziele aus.

Durch Untätigkeit verpassen wir wertvolle Gelegenheiten.

Oft hängt das Erreichen eines großen Lebensziels von einer zufälligen Entdeckung ab – einer Entdeckung, die man nicht vor dem Fernseher machen kann. Deshalb ist konsequentes tägliches Handeln so wichtig. Denn nur wenn man den Weg *geht*, werden *neue* Wege entstehen. Wenn du stagnierst und aufhörst, dich auf der kurvenreichen Straße des Lebens vorwärtszubewegen, dann wirst du die Abenteuer nie erleben, die hinter der nächsten Kurve liegen.

Zielkiller Nr. 2: Toxische Menschen

Vielleicht hast du das Glück, von gutherzigen Menschen umgeben zu sein –
dynamischen, intelligenten und großzügigen Seelen, die aufrichtig das Beste für
dich wollen. Viele solcher Menschen gibt es tatsächlich auf dieser Welt.
Allerdings ist es vielleicht eher der Fall, Menschen der anderen Sorte zu treffen:

- Menschen, die besser im Kritisieren als im Tun sind.
- Menschen, die versuchen, dich auf ihr Niveau herunterzuziehen.
- Menschen, die nur für das nächste Wochenendabenteuer leben.
- Menschen, die zum Trinken und Feiern leben. Oder
- Menschen, die das Leben ganz und gar aufgegeben haben.

Die Verbindung mit solchen toxischen Menschen kann deinen Lebenszielen
abträglich sein. Ihre Absichten müssen nicht unbedingt böse sein; deine Freunde
und Familie beabsichtigen in der Regel nicht direkt, deine Träume zu zerstören
oder dich von deinem Sockel zu stoßen. Aber diese Welt ist voll von verlorenen
Seelen – Menschen, die so lange im Nebel der Negativität gelebt haben, dass sie
sich nicht mehr vorstellen können, wie ein Leben in Fülle aussehen könnte.

- Einige von uns werden in ein toxisches Umfeld hineingeboren – Kinder
  von Eltern, die wenig Interesse an deren zukünftigem Wohlergehen

haben. Die Schicksalsschläge und täglichen Belsatungen des Lebens können eine Mutter oder einen Vater in einen Schatten ihres früheren Selbst verwandeln. Depressionen und Süchte können sie zur Gewalt anstacheln oder dazu führen, dass sie sich der Apathie hingeben – resigniert von Sonnenaufgang bis Sonnenuntergang auf der Couch sitzen, fernsehen, Junkfood essen und Alkohol trinken, um die Sinne zu betäuben.

- Alternativ kann auch das Gegenteil der Fall sein. Eltern können zu restriktiv sein oder sich zu sehr auf den Erfolg ihrer Kinder verlassen. Es kann sogar sein, dass sie ihre eigenen Lebensziele ganz aufgeben und stattdessen die Errungenschaften ihrer Nachkommen miterleben wollen. Infolgedessen können solche Eltern lediglich ein lauernder Schatten sein, der die Leistung ihrer Kinder ständig kritisiert und sie anspornt, ‚besser zu werden'. Leider führt solch drakonisches Verhalten manchmal zum gegenteiligen Ergebnis.

- Noch häufiger trifft man auf Menschen, die sich einfach nach einem Leben in Muße sehnen. Ihr Ziel ist es, absolut nichts zu tun. Für sie ist ein Arbeitstag nur ein Zeitintervall, das geopfert werden muss, damit sie das Wochenende erreichen können. Solche Herumtreiber sind selten zu beeindruckenden Leistungen fähig. Da langfristige Ziele (definitionsgemäß) keine unmittelbaren positiven Anreize bieten, sind die meisten Menschen nicht in der Lage, sich an sie zu binden. Sie haben Schwierigkeiten, Annehmlichkeiten *heute* zu opfern, für die Aussicht auf eine bedeutsame Belohnung *morgen*. Solch eine flüchtige Sichtweise wird den Versuch behindern, sich auf langwierige Beschäftigungen jeglicher Art einzulassen.

Aus diesen Gründen müssen wir kritisch sein bei der Gesellschaft, die wir pflegen. Herausforderungen sind leichter zu bewältigen, wenn wir von gleichgesinnten Kameraden umgeben sind, die bereit sind, für ein gemeinsames Ziel zu marschieren. Wie das alte Selbsthilfe-Sprichwort sagt:

„Wir sind die Summe der fünf Menschen, die uns am nächsten stehen."

Zielkiller Nr. 3: Lähmende Furcht

Wenn du beim Wandern im Wald auf einen Bären stößt, wird die erste instinktive Reaktion deines Körpers sein, die Vorwärtsbewegung einzustellen. In einem solchen Fall kann diese Untätigkeit die richtige Reaktion sein und vielleicht sogar dein Leben retten. Aber wenn wir zulassen, dass irrationale Ängste unser Vorankommen ständig aufhalten, wird die Emotion problematisch.

Angst und Fortschritt werden niemals Freunde sein. Dein limbisches System möchte *sich* sicher, geborgen und gesättigt *fühlen*. Wenn es spürt, dass du im gegenwärtigen Moment zufrieden bist, dann wird es *diese* Umgebung jeder anderen vorziehen, die du gerne betreten würdest.

- Das ist der Grund, warum du im Unterricht nicht die Hand gehoben hast.
- Aus diesem Grund hast du es letzte Woche vermieden, das Büro deines Chefs zu betreten.
- Das ist der Grund, warum du das Mädchen nicht angerufen hast.

Das soll natürlich nicht heißen, dass jede der oben aufgeführten Maßnahmen sinnvoll gewesen wäre.

- Die Klasse hätte vielleicht über dich gelacht.
- Dein Chef hätte dich vielleicht entlassen.

- Und das Mädchen hätte dich vielleicht abgewiesen, den Anruf beendet und jedem in der Stadt von deinen gescheiterten Annäherungsversuchen berichtet.

Manchmal sind deine Ängste gerechtfertigt. Die meisten Schachzüge unseres Lebens sind zum Scheitern verurteilt. Einige von ihnen werden spektakulär scheitern. Und doch werden einige von ihnen fabelhaften Erfolg haben und zu lebensverändernden Resultaten führen. Ja, das ist der Knackpunkt. Die Dinge hätten gut laufen können.

- Dein Professor hätte vielleicht deine Brillanz bemerkt und dich für ein Doktorat empfohlen.
- Vielleicht hätte deinem Chef deine Idee gefallen und er hätte dir eine Beförderung angeboten.
- Und das Mädchen am anderen Ende der Leitung hätte deine zukünftige Frau werden können.

Der Umgang mit Risiken und Ängsten ist eine Fähigkeit, die ein Leben lang geschliffen werden muss. Bei jeder neuen Gelegenheit, die sich dir bietet, musst du bereit sein, das damit verbundene Risiko objektiv einzuschätzen und deine persönlichen Ängste, Bedenken und Zweifel in Bezug auf das Vorhaben zu bewältigen.

Ein Großteil der Ängste, die wir bei der Verfolgung unserer Ziele erleben, rührt von der Furcht her, unsere aktuelle Situation gegen eine neue und ungewisse einzutauschen. Wenn wir spüren, dass wir uns einem neuen Lebensabschnitt nähern, ist es üblich, Angst vor der bevorstehenden Metamorphose zu haben. Manchmal klammern sich Menschen an ihre gegenwärtige Routine (oder ihren Lebensstil, ihre Heimatstadt oder ihren Job) und weigern sich, einen Kurs aufzugeben, der lediglich ‚gut genug‘ ist, selbst wenn die alternative Route das Potenzial hat, zu saftigeren Weiden zu führen.

Veränderung wird für immer ein Teil deines Lebens sein. Du wirst Zeuge von politischen Veränderungen, angepassten Arbeitsbedingungen, globalem wirtschaftlichen Wandel und Paradigmenwechseln im Währungssystem. Du wirst physiologische und psychologische Entwicklungen durchlaufen. Die Biochemie deines Hirns wird sich adaptieren; die Art und Weise, wie du die Welt jetzt siehst, wird anders sein als die, wie du sie in zehn Jahren siehst. Wenn du dieses Buch in einem Jahrzehnt in die Hand nimmst, werden die Worte, die aus den Seiten springen, anders zwischen deine Ohren gelangen; jeder Satz wird von geistigen Fasern durchdrungen sein, die durch deine gesammelten Lebenserfahrungen gereift sind. Hinzu kommt, dass Veränderungen oft in Form von unkontrollierbaren Tragödien wie plötzlichen Krankheiten, Naturkatastrophen oder Krieg kommen. Trotz unserer besten Bemühungen, eine schützende Festung um unseren Besitz zu errichten, können unsere Barrikaden nicht jeden Angriff abwehren.

Wenn du erst einmal die vergängliche Natur deiner Gesundheit, deines Wohlstands, deiner Familie und deiner Finanzen akzeptiert hast, sind die unvermeidlichen Veränderungen dieser Konzepte nicht mehr so überraschend, wenn sie schließlich eintreten. Während wir immer danach streben müssen, unerwünschte Ergebnisse zu vermeiden, tun wir dies mit der Akzeptanz, dass die ‚Ereignisdichte' für immer unser Konkurrent sein wird. So wie die Schwerkraft eine unabänderliche Eigenschaft des Kosmos ist, mit der wir lernen müssen zu koexistieren, so muss auch unser Verhältnis zur Veränderung sein. Wie Marcus Aurelius schrieb:

„Hat jemand Angst vor Veränderungen? Was kann ohne Veränderung stattfinden? Was ist dann angenehmer oder geeigneter für die universelle Natur?... Kann man ein heißes Bad nehmen, wenn nicht das Holz für das Feuer eine Veränderung erfährt? Und kann man sich ernähren, wenn die Nahrung keine Veränderung erfährt? Und kann etwas anderes, das sinnvoll ist, ohne Veränderung erreicht werden? Siehst du denn nicht, dass es für dich selbst ebenso notwendig ist, dich zu verändern, wie für die universelle Natur?"

Erkenne die vielen Laster des Lebens

Hast du mal jemanden kennengelernt, der schon früh im Leben vielversprechend war, aber später zu straucheln schien? Vielleicht war diese Person der Star der lokalen Fußballmannschaft, Klassensprecher oder ein talentierter Musiker. Aber im Laufe der Jahre hast du vielleicht beobachtet, wie diese Person eine Reihe von schlechten Lebensentscheidungen getroffen hat.

- Hat er die Schule abgebrochen?
- Hat er seine Frau betrogen?
- Hat er sich scheiden lassen?
- Ist er fett geworden?
- Hat er Zeit im Krankenhaus verbracht?
- War er alkohol- oder drogenabhängig?
- Wurde er sogar verhaftet?
- Wurde ihm gekündigt?

Wenn du die Lebenswege deiner Freunde und Familie betrachtest, ist es wahrscheinlich, dass die oben aufgeführten Ergebnisse dich an jemanden erinnern, den du kennst. Jemand, der den vielen Verlockungen des Lebens erlegen ist. Jemand, der zuließ, dass sich seine Gesundheit, sein Reichtum und seine Beziehungen verschlechterten – abgenutzt durch Degeneration, Trägheit, Sucht oder den Zahn der Zeit.

Das Ziel dieses Kapitels war es, dir die schädliche Natur der vielen Laster dieser Welt vor Augen zu führen. Die meisten unserer ‚schlechten' Entscheidungen sind in dem jeweiligen Moment fast unmerklich schlecht. Ein Traum ist nicht so ausgestaltet, dass er durch einen einzigen gut platzierten Schlag auf den Kopf getötet werden kann. Stattdessen sterben unsere Träume einen langsamen Tod, angezettelt durch eine Million kleiner Missgeschicke – die meisten davon haben wir uns selbst zuzuschreiben. Deine Fähigkeit, sich dieses Lingchi-Phänomen bewusst zu machen – die ‚tausend kleinen Schnitte' zu erkennen, die sich an deinen Lebenszielen abarbeiten – ist notwendig für die Entwicklung deiner persönlichen Produktivität und unerlässlich, wenn du vermeiden willst, den vielen Versuchungen des Lebens zu erliegen.

Kapitel 2: Einführung in Hansei

Im Japanischen setzt sich der Begriff ‚Hansei' aus den folgenden Worten zusammen: ‚Han' und ‚Sei'.

- Han bedeutet ‚umdrehen und untersuchen'
- Sei bedeutet ‚im Rückblick die Vergangenheit begutachten'

Hansei könnte also direkt mit ‚Vergangenheitsbewältigung' oder (am häufigsten) mit ‚Selbstreflexion' übersetzt werden. In japanischen Unternehmen wird Hansei manchmal als Übung zur Teamentwicklung eingesetzt, bei der die Teilnehmer eine kritische Analyse ihrer bisherigen Arbeitsleistung vornehmen. Hier werden sie aufgefordert, ihre eigenen Unzulänglichkeiten sorgfältig zu benennen und selbst eine Strategie zur Verbesserung ihrer zukünftigen Bemühungen zu erstellen.

Du musst kein Unternehmer sein, um die Hansei-Methode auf die Setzung deiner persönlichen Lebensziele anzuwenden. Wenn es um die eigene Entwicklung und

Produktivität geht, ist Hansei ähnlich nützlich – es fordert uns auf, im Sieg bescheiden zu bleiben, die Verantwortung für unsere Fehler zu übernehmen, die natürliche Tendenz, anderen die Schuld zu geben, zu vermeiden und aus unseren Fehlern zu lernen.

Manchmal können wir die Gegenwart nur verstehen, wenn wir in der Vergangenheit graben. Mit Hansei versuchen wir, der langen Kette von Entscheidungen, die uns zu unserer jetzigen Lebenssituation (gut oder schlecht) geführt haben, einen Sinn zu geben. Indem wir dieses Ritual der geübten Selbstbeobachtung durchführen, hoffen wir, unsere Einsicht in zukünftige Ziele zu verbessern und ein Bewusstsein für vergangene Fehler zu entwickeln. Wie der dänische Philosoph Søren Kierkegaard schrieb:

„Das Leben kann nur rückwärts verstanden werden; aber es muss vorwärts gelebt werden."

Hansei in anderen Kulturen

Die Idee, sich Zeit für meditative und ehrliche Selbstkritik zu nehmen, ist für dich wahrscheinlich nicht neu.

- Die alten Griechen nannten das Konzept ‚**Gnothi seauton**‘, also ‚Erkenne dich selbst‘ oder ‚temet nosce‘.
- Sokrates erläuterte dieses Konzept, als er sagte: „**Das unreflektierte Leben ist nicht lebenswert.**"
- Auch im Deutschen kennen wir das Sprichwort: „**Selbsterkenntnis ist der erste Schritt zur Besserung.**"
- Und ein oft zitierter Lehrsatz der Anonymen Alkoholiker lautet: „**Der erste Schritt ist, zuzugeben, dass man ein Problem hat.**"

Von Zeit zu Zeit ertappen wir uns alle dabei, wie wir allein dasitzen und versuchen zu verstehen, warum unsere vergangenen Entscheidungen zu einem unerwünschten Ergebnis geführt haben. Hansei ist ein Versuch, diesen Prozess zu ritualisieren.

In einem Satz könnte man Hansei definieren als:

Die Praxis, Fehler oder Unzulänglichkeiten der Ver-gangenheit sorgfältig zu identifizieren, zu berücksichtigen und die Verantwortung dafür zu übernehmen, gefolgt von der Umsetzung von Änderungen, um sicherzustellen, dass sich diese Fehler nicht wiederholen.

Unsere Misserfolge im Leben sind meist das Ergebnis einer langen Kette von Fehlentscheidungen. Mit Hansei nehmen wir uns die Zeit, jedes Glied in dieser Kette sorgfältig zu betrachten und zu erkennen, wie unsere Fehler in der Vergangenheit dazu geführt haben, dass wir von unseren Lebenszielen abgewichen sind.

Deine ersten Schritte mit Hansei

Schritt 1. Finde eine Zeit und einen Ort für stille Kontemplation

Wir beginnen das Hansei-Ritual, indem wir einen Zeitblock einem ‚Hansei-kai'
oder ‚Reflexionstreffen' widmen. In der japanischen Unternehmenswelt ist dies
ein Treffen, bei dem die Mitarbeiter in bescheidener Selbstreflexion darüber
nachdenken, wie eine bestimmte Situation hätte besser laufen können. Bei Toyota
bestehen einige Abteilungen darauf, dass die Mitarbeiter wöchentlich Stunden für
solche Sitzungen aufwenden – vor allem nach dem Abschluss eines wichtigen
Projektmeilensteins.

Natürlich musst du während deines persönlichen Hansei-kai nicht in einem
Sitzungssaal sitzen. Stattdessen kann deine Hansei-Sitzung einfach ein paar
Minuten deiner persönlichen Zeit in Anspruch nehmen – vielleicht vor dem
Schlafengehen oder nach dem Abendessen. Du kannst diesen Zeitraum
wöchentlich einplanen, aber du solltest versuchen, dies täglich zu tun, um den
Prozess zur Gewohnheit werden zu lassen.

Wenn es darum geht, einen Platz für dein Hansei-kai auszuwählen, ist es am
besten, wenn du einen bequemen Stuhl in einem ruhigen Raum wählst – einen, in
dem du zehn bis zwanzig Minuten lang allein mit deinen Gedanken sitzen kannst.

Schritt 2. Rückblick auf einen vergangenen Fehler oder Misserfolg

Wenn du es geschafft hast, einen Moment für ein Hansei-kai zu finden, dann ist
es an der Zeit, in dich hineinzublicken. Beginne damit, einen Timer für zehn
Minuten einzustellen und suche dir dann einen aktuellen Vorfall aus, bei dem du
eines deiner Ziele nicht erreicht hast. Versuche dir dabei die folgenden Fragen zu
stellen:

- Was war meine ursprüngliche Absicht, dieses Ziel zu verfolgen?
- Welche Maßnahmen habe ich ergriffen, um dieses Ziel zu verwirklichen?
- Welches Ergebnis habe ich von diesem Aufwand erwartet?
- Was war das tatsächliche Ergebnis?
- Warum ist das erwartete Ergebnis anders als das tatsächliche Ergebnis?

Diese erste Reihe von Nachforschungen sollte helfen, die Handlungen ausfindig zu machen, die zu dem unerwünschten Ergebnis geführt haben.

Wir sollten anmerken, dass ein Hansei-kai nicht unbedingt einer rigorosen Analyse deiner langfristigen Lebensziele gewidmet sein muss. Stattdessen kannst du damit beginnen, einfach über die Frage nachzudenken: „Was ist heute schiefgelaufen?"

- Hast du vergessen, dein Handy während des Lernens stumm zu schalten, und dich deshalb von einem Nachrichten-Thread ablenken lassen?
- Hast du zu viel Zeit damit verbracht, E-Mails zu beantworten, anstatt an deinem neuen Projekt zu arbeiten?
- Hat dein Kollege darauf bestanden, dich zum Mittagessen in ein bestimmtes Fast-Food-Restaurant einzuladen, das für seine 900-Kalorien-Bacon-Burger bekannt ist?
- Hast du bemerkt, wie das Lächeln deines Ehepartners verschwand, als du dir das dritte Glas Wein eingeschenkt hast?

Ein Hansei-kai ist der Zeitpunkt, an dem du ein bestimmtes Missgeschick oder eine Schwäche bewerten sollst, mit der du vielleicht in Bezug auf deine Gesundheit, deinen Wohlstand und deine Beziehungen zu kämpfen hast. Wenn du über deine Umstände nachdenkst, ist es wichtig, dich auf die Art und Weise zu konzentrieren, in der *deine eigenen Handlungen* zu der misslichen Lage beigetragen haben (egal wie klein dieser Beitrag auch sein mag).

- Kannst du dir vorstellen, zu spät bei der Arbeit oder in der Schule zu erscheinen?
- Hast du es versäumt, die Arbeit eines Mitarbeiters zu kontrollieren, der für seine Vergesslichkeit bekannt ist?
- Hast du einen Bericht oder eine Aufgabe im Eiltempo bearbeitet, obwohl du dir mehr Zeit für die Fertigstellung hättest nehmen sollen?

Dein Verstand wird natürlich hin und her schwanken zwischen Schamgefühlen und dem Bedürfnis, dein Verhalten zu rationalisieren. Diese Art von diskursivem Denken ist nicht produktiv. Das Ziel von Hansei ist es nicht, dir einen Moment zu verschaffen, in dem du in Agonie verfällst. Wenn dein Verstand anfängt, dich in die Irre zu führen, dann versuche, deine Aufmerksamkeit auf einen einzigen geschriebenen Satz zu richten. Wenn es zum Beispiel heute ein besonders hitziges

Problem im Büro gab, dann schreib so etwas wie das Folgende auf einen Zettel und lege ihn in dein Blickfeld:

Was hätte ich tun können, um die heutige Arbeitssituation besser zu bewältigen?

Erlaube deinem Verstand, sich zehn Minuten lang mit dieser einen Frage zu beschäftigen, und versuche, nicht an andere Themen zu denken, bis der Timer klingelt.

Schritt 3. Protokolliere deine negativen Tendenzen

Nachdem du das Hansei-Ritual ein paar Tage lang durchgeführt hast, wird dir als Erstes auffallen, wie oft du die gleichen Fehler machst – immer und immer wieder. Du wirst dich dabei ertappen, wie du dich fragst:

- Warum habe ich diese Textnachricht geschickt, obwohl ich wusste, dass ich arbeiten sollte?
- Warum habe ich es versäumt, die fehlende Bestellrechnung zu überprüfen, obwohl ich wusste, dass der Angestellte ungenau arbeitet?
- Warum bin ich in diese Konditorei gegangen, obwohl ich doch wusste, dass ich nicht herausgehen konnte, ohne etwas zu kaufen?

Die manischen Verhaltensweisen des Verstandes sind in diesen Momenten erstaunlich leicht zu begründen. Aus diesem Grund ist es wichtig, ein Hansei-Protokoll zu führen – eine Aufzeichnung der spezifischen Unzulänglichkeiten, auf die du dich während deiner Hansei-Sitzung konzentriert hast. Indem du jedes Ereignis protokollierst, wirst du bald Muster in deinen Verhaltensweisen erkennen.

- Begehst du jeden Tag zur gleichen Zeit den gleichen Fehler?
- Bist du eher geneigt, der Versuchung zu erliegen, wenn ein bestimmter Freund oder Mitarbeiter deinen Arbeitsbereich betritt?
- Werden deine schlechten Angewohnheiten durch ein vorhersehbar wiederkehrendes Ereignis oder eine Situation ausgelöst?

Denk daran, dass es bei diesem Prozess nicht darum geht, sich selbst zu bestrafen, indem du lediglich die vielen Fehler katalogisierst. Vielmehr geht es darum, dass du lernst, zukünftige Umstände zu erkennen, in denen du für Rückfälle anfällig bist, und dich darauf vorzubereiten.

Schritt 4. Verpflichte dich, besser zu werden

Es gibt einen Unterschied zwischen dem Kennen des Weges und dem Gehen des Weges. Das bloße Erkennen deiner Fehler ist nur der erste Schritt. Sie zu korrigieren, ist die nächste Herausforderung. In diesem letzten Hansei-Schritt musst du dir einige Gedanken über die Kurskorrektur machen. Nachdem du die Art deiner Fehler ausreichend bewertet hast, versuch doch einmal, eine Strategie zu entwickeln, um zu verhindern, dass sie sich wiederholen.

- Gerätst du in Versuchung, während einer Lernsitzung auf dein Telefon zu schauen? Mach es dir zur Regel, es zu Hause zu lassen, wenn du zum Lernen in die Bibliothek gehst.
- Gerätst du in Versuchung, einen Streit mit deinem Schwager anzufangen, wenn er anfängt, über Politik zu reden? Macht es euch zur Gewohnheit, dann einfach das Thema zu wechseln.
- Gerätst du in Versuchung, einen Döner zu kaufen, wenn du am Dönerladen in deiner Straße vorbeikommst? Dann nimm einfach einen kleinen Umweg.

Je länger dein Hansei-Protokoll wächst, desto mehr wirst du verstehen, wie schwierig es ist, eine schlechte Angewohnheit zu brechen, und desto mehr wirst du dich dabei erwischen, wie du immer wieder in dieselbe Falle tappst. Aber wie Alexander Pope schon schrieb: „Irren ist menschlich, verzeihen göttlich." In Hansei nehmen wir uns einen seltenen Moment Zeit, um uns einzugestehen, dass wir äußerst unvollkommene Wesen sind – voller Widersprüche und belastet mit Launen, derer wir uns meist nur spärlich bewusst sind. Das Versprechen, sich der eigenen Unzulänglichkeiten bewusst zu sein und sich in Zukunft zu verbessern, ist das Ziel einer Hansei-Praxis. Wie der Leiter des Toyota Technical Centers, Bruce Brownlee, es ausdrückte:

„Hansei ist wirklich viel tiefer als Reflexion. Es geht darum, wirklich ehrlich zu sein, was die eigenen Schwächen angeht. Wenn du nur über deine Stärken sprichst, bist du ein Angeber. Wenn du Schwächen mit Aufrichtigkeit anerkennst, ist das [ein Zeichen von] Stärke. Aber das ist noch nicht alles. Du musst dich auch zur

Veränderung verpflichten und danach streben, diese Schwächen zu überwinden ...”

Fünf Hansei-Prinzipien

Richtig ausgeführt, kann Hansei wie ein sicherer Hafen funktionieren, in dem deinem Ego eine kurze Atempause gewährt wird. Es muss dich nicht so vehement verteidigen, weil du während eines persönlichen Hansei-kai frei von gesellschaftlichen Konsequenzen bist. In diesen Momenten kannst du dir Gedanken über deine eigenen Unzulänglichkeiten machen, ohne dass dein Ego sich dazu äußern muss.

Um effektiv zu sein, setzt Hansei natürlich voraus, dass dein innerer Diskurs auf Wahrheit aus ist. Du musst sozusagen ‚aus dir herausgehen’ und versuchen, deine Leistung mit einem kritischen Auge zu bewerten. Für viele stellt diese Übung eine Herausforderung dar. Mit der Zeit können wir jedoch alle lernen, eine objektivere Analyse unseres Verhaltens und unserer Leistung vorzunehmen. Im Folgenden haben wir fünf Hansei-Prinzipien aufgeführt, die diesen Prozess erleichtern.

Prinzip 1. Vermeide Selbstrechtfertigungen – auch wenn du überzeugt bist, dass das Problem nicht deine Schuld ist.

Komplexe Probleme sind selten die Schuld von nur einer Person. Stattdessen steht eine Katastrophe meist am Ende einer langen Kette von Fehlern, die von mehreren Personen über einen langen Zeitraum hinweg begangen wurden. Es ist immer verlockend, den Großteil der Schuld jemand anderem zuzuschreiben. Und es kann tatsächlich sein, dass dieser andere die volle Verantwortung trägt. Aber bei Hansei spielen wir nicht das ‚Schuldspiel’. Stattdessen ist ein Hansei-kai ein vorübergehender *sicherer Hafen*, indem du dich selbst anschaust und versuchst, Rechenschaft über die Rolle abzulegen, die *du* bei der Formulierung des Problems gespielt hast.

Während dieses Prozesses wird dein Verstand versuchen, schlechte Erfahrungen, Misserfolge und Fehler unter den Teppich zu kehren. Das Ego schleicht vor der nach innen gekehrten Analyse davon, so wie sich Mäuse verstecken, wenn du das

Kellerlicht einschaltest, und es wird viele Tricks versuchen, dich davon zu überzeugen, dein Hansei-kai aufzugeben.

- Erstens wird dein Ego versuchen, anderen die Schuld für die Verursachung des Problems zu geben.
- Dann wird es versuchen, sich der Verantwortung für jeden Teil des Problems zu entziehen, der unter deiner Kontrolle war.
- Und es könnte sogar versuchen, alles auf ‚Pech' oder ‚Freitag, den 13.' zu schieben

Solche Vermeidungsstrategien sind bei Hansei nicht erwünscht. Stattdessen sollen wir uns darauf konzentrieren:

1. Fehler eingestehen und Verantwortung für Misserfolge übernehmen.
2. Wege finden, um die schlechten Gewohnheiten zu erkennen und ihre Wiederholung zu stoppen.
3. Änderungen umsetzen, die notwendig sind, um sicherzustellen, dass unsere zukünftigen Ziele von den in der Vergangenheit gemachten Erfahrungen profitieren können.

Denk daran, dass wir während Hansei unsere innere Welt bewerten, nicht die äußere Welt. Selbst wenn du völlig überzeugt bist, dass das Problem des Tages nichts mit dir zu tun hat, ist das immer noch keine Entschuldigung dafür, sich der Kritik zu entziehen. Bis der Zehn-Minuten-Timer klingelt, darfst du nur darüber nachdenken, auf welche Weise *du* zu dem Dilemma beigetragen hast. Wenn du möchtest, kannst du nach der Hansei-Sitzung wieder die Schuld bei anderen Leuten suchen. Wenn es dir aber tatsächlich gelingt, Hansei während der gesamten zehnminütigen Sitzung auszuführen, dann wirst du vielleicht überrascht sein, dass du nicht mehr den gleichen Grad an Feindseligkeit gegenüber dem Schuldigen hegst.

Vielleicht (aber auch nur vielleicht) hättest du die Dinge ein wenig besser handhaben können.

Wenn du deinen Verstand zwingst, alternative Perspektiven in Betracht zu ziehen, hilft das, das Problem neu zu formulieren – und ermöglicht es dir, komplexe soziale Situationen in einem neuen Licht zu sehen. Ein Paradigmenwechsel verschafft dir eine alternative (und hoffentlich freundlichere) Perspektive, aus der du deine Leistung und die deiner Kollegen beurteilen kannst. Denk daran, dass es viel einfacher ist, die Arbeit eines anderen zu kritisieren als deine eigene. Oder, wie es in Matthäus 7:5 heißt:

„[...]zieh zuerst den Balken aus deinem eigenen Auge, dann wirst du klar sehen, um den Splitter aus dem Auge deines Bruders zu ziehen."

Prinzip 2. Mach dich während Hansei nicht verrückt

In Momenten der Kontemplation ist es leicht, unserer inneren Stimme das Kommando zu überlassen – unser Bewusstsein den diskursiven Windungen unseres inneren Erzählers zu überlassen. Er ist der Typ, der uns den ganzen Tag lang mit Ausrufen nervt:

- „Du kannst nichts richtig machen..."
- „Diese Aufgabe ist zu schwer für dich..."
- „Du bist einfach nicht gut genug..."

Die Anpassung der Lautstärke dieser Stimme ist eine lebenslange Herausforderung. Und die Überwindung seines Angriffs auf deine Psyche ist kein Sieg, den du nur einmal erringen musst. Stattdessen geht unser innerer Dialog jeden Tag mit der Sonne auf und bietet uns die Möglichkeit, bei der Ausführung unserer täglichen Aktivitäten Kritik zu üben.

Während einer Hansei-Sitzung könnte dieser innere Kritiker bestrebt sein, dich auf einen Pfad der Verzweiflung und Hoffnungslosigkeit zu führen – er nutzt die Gelegenheit, dich zu beschimpfen und dein Bewusstsein mit Zweifeln an deinen Fähigkeiten zu überfluten. Aber bei Hansei geht es nicht darum, sich selbst zu kasteien. Stattdessen geht es darum, dein Leben besser zu machen, indem du die Bereiche identifizierst, die verbessert werden müssen. Indem wir alle aufgefordert sind, während eines Hansei-kai ehrlich zu sein, werden wir auch gebeten, unproduktive Animositäten gegenüber allen beteiligten Personen zu vermeiden – einschließlich uns selbst.

Prinzip 3. Akzeptiere, dass schmerzhafte Erinnerungen wieder auftauchen könnten

Unsere Köpfe sind mit psychologischen Triggern beladen – negativen Emotionen, die sich an Erinnerungen anheften wie Parasiten an einen Wirt. Wenn wir während einer Hansei-Sitzung alte Erinnerungen ausgraben, können dabei auch unerwünschte Emotionen (wie Ärger, Wut, Frustration, Eifersucht oder Trauer) zum Vorschein kommen.

Als aufgeweckte Praktizierende der östlichen Mystik würden wir alle gerne glauben, dass wir gegen den Stachel solcher fleischlichen Zwänge immun sind. Aber die Wahrheit ist, dass keiner von uns jemals wirklich immun dagegen ist. Der evolutionäre Nutzen der menschlichen Emotionen ist zu groß. Diese vielfältige Palette von Leidenschaften bietet deinem limbischen System eine Sprache, mit der es mit deinem bewussten Verstand kommunizieren kann. Anstatt diese Mitteilung zu ignorieren, kann es produktiver sein, einfach zum Telefon zu greifen und „Hallo" zu sagen. Lasse die Emotionen in dein Bewusstsein eindringen, betrachte sie und erlaube ihnen dann, sich aufzulösen wie Wolken, die einem herannahenden Flugzeug Platz machen.

Schmerzhafte Erinnerungen verhalten sich oft wie Unkraut. Auf ihnen herumzutrampeln könnte nur dazu führen, ihre Wurzeln zu vertiefen. Werden sie jedoch mit Sonnenlicht durchtränkt, können sie ausbrennen.

Prinzip 4. Bleib bei Erfolg und Misserfolg bescheiden

Charles Darwin hat einmal geschrieben:

„Unwissenheit erzeugt häufiger Vertrauen als Wissen."

Neuere Forschungen scheinen seinen Verdacht zu bestätigen. Der Dunning-Kruger-Effekt (geprägt von den Sozialpsychologen David Dunning und Justin Kruger) ist eine oft zitierte kognitive Verzerrung, bei der Menschen mit einem niedrigen Fähigkeitsniveau in einer bestimmten Aufgabe dazu neigen, ihre Fähigkeiten zu überschätzen. Leider ist sich ein ungeschickter Mensch oft seiner Ungeschicklichkeit nicht bewusst. Oder, wie der Unternehmensberater Martin M. Broadwell sagen würde, der Trainee ist sich „seiner eigenen Inkompetenz nicht bewusst."

Broadwell ist für sein Modell der ‚vier Stufen der Kompetenz' bekannt, in dem der Prozess der Kompetenzerlangung beschrieben wird. Die vier Stufen sind:

1. **Unbewusste Inkompetenz**: Wenn unsere Zielperson ihren ersten Arbeitstag antritt, ist sie sich des Ausmaßes ihrer mangelnden Fähigkeiten nicht bewusst.

2. **Bewusste Inkompetenz**: Nach ein paar Tagen der Arbeit wird der Zielperson vielleicht bewusst, wie viel sie noch nicht weiß und wie viel sie noch lernen muss.

3. **Bewusste Kompetenz**: Die Zielperson wird schon seit geraumer Zeit eingearbeitet. Sie kann die anstehende Aufgabe erledigen, wenn sie sich bewusst geistig anstrengt.

4. **Unbewusste Kompetenz**: Die Zielperson ist seit Langem im Unternehmen tätig. Ihre Arbeit ist jetzt ‚ihr zweites Ich'. Sie kann die Aufgabe ausführen, ohne großartig darüber nachzudenken.

Leider wissen wir oft nicht, auf welcher Kompetenzstufe wir uns gerade befinden. Die Ängstlichen unter uns neigen dazu, sich zu niedrig einschätzen, während die Eingebildeten unter uns sich überschätzen. Aber selbst, wenn du dir absolut sicher bist, dass du der Beste auf deinem Gebiet bist, wird von dir verlangt, dass du während eines Hansei-kai kritisch zu deinen Fähigkeiten stehst.

Die Erfahrung lehrt uns, sowohl im Misserfolg als auch im Erfolg demütig zu bleiben. Während eines Hansei-kai ist es den Praktizierenden nicht erlaubt, einen ‚fehlerfreien Sieg' zu feiern. So etwas gibt es nicht. Stattdessen hat jede Aktion Raum für Verbesserungen, egal wie perfekt sie ausgeführt wurde. Diese Denkweise wird in diesem Absatz aus dem Handbuch von Toyota zum Produktionssystem veranschaulicht:

„Selbst wenn eine Aufgabe erfolgreich abgeschlossen wurde, erkennt Toyota die Notwendigkeit eines Hansei-Kai ‚Reflexionsmeetings' an... [Es ist] ein Prozess, der dabei hilft, Misserfolge auf dem Weg zu identifizieren und klare Pläne für zukünftige Arbeiten zu erstellen. Die Unfähigkeit, Probleme zu erkennen, wird in der Regel als Hinweis darauf gesehen, dass du dich nicht angestrengt hast, um die Erwartungen zu erfüllen oder zu übertreffen, dass du in deiner Analyse nicht kritisch oder objektiv genug warst oder dass es dir an Bescheidenheit und

Demut mangelt. Innerhalb des Prozesses ist kein Problem selbst ein Problem."

Egal, wie viel Erfolg du im Leben hast, es wird immer Raum für Verbesserungen geben. Daher wird es immer eine Zeit für Hansei geben – eine ehrliche und bescheidene Bewertung deiner Bemühungen und Handlungen.

Prinzip 5. Mache den gleichen Fehler nicht zweimal

Eine nennenswerte Zielerreichung ist nur möglich, wenn du einen Hunger nach Selbstentwicklung hast. Bei den meisten Menschen lässt dieser Hunger schnell nach, sobald sie Herausforderungen und Rückschläge erleben. Es gibt aber auch andere, die ihre persönlichen Misserfolge als Lernchance nutzen. Schwierige Herausforderungen führen dazu, dass sie sich noch *mehr* für die Erreichung eines Ziels einsetzen.

Der Nutzen von Hansei besteht nicht darin, dass es dich vor zukünftigen Fehlern bewahrt. Stattdessen wirst du erfahren, dass Hansei funktioniert, wenn du es schaffen solltest, die Anzahl der Rückschläge pro Tag zu verringern.

Jeder scheitert. Aber nicht jeder ist in der Lage, aus Fehlern zu lernen und einen alternativen Aktionsplan zu entwickeln, um denselben Fehler nicht noch einmal zu begehen. Wie das Sprichwort schon sagt:

„Du hast mich einmal reingelegt, Schande über dich; du hast mich zweimal reingelegt, Schande über mich."

Kapitel 3: Einführung in Ikigai

Was ist ein Ikigai?

Ikigai ist ein japanischer Begriff, der sich aus zwei Wörtern zusammensetzt: ‚iki' und ‚kai'. Die erste Hälfte der Verbindung (iki) bedeutet übersetzt ‚Leben' oder ‚lebendig'. Die zweite Hälfte (kai) bedeutet ‚Nutzen' oder ‚Wirkung'. Eine beiläufige englische Übersetzung des Begriffs Ikigai könnte also lauten: ‚Das, was dem Leben Nutzen bringt'. Es wurden aber auch viele andere Interpretationen vorgeschlagen, wie z. B.:

- ‚Die Sache, die deinem Leben einen Sinn gibt'
- deine ‚wahre Berufung'
- dein ‚Werk der Liebe'
- oder einfach ‚deine Leidenschaft'

Der Begriff ähnelt den übernommenen französischen Ausdrücken *raison d'etre* (dein Daseinsgrund) oder *joie de vivre* (deine Lebensfreude).

Umgangssprachlich wird das eigene Ikigai oft so beschrieben:

Mein Grund, morgens aus dem Bett zu kommen.

Diese Übersetzung ist vielleicht mein Favorit, weil ein Ikigai oft die primäre Quelle der intrinsischen Motivation eines Menschen ist. Du kannst versuchen, den Grad abzuschätzen, in dem du dein eigenes Ikigai bereits gefunden hast, indem du die folgende Frage betrachtest: „**Wenn du jeden Morgen aufwachst, wie sehr freust du dich auf den Arbeitstag, der dich erwartet?**"

- Stehst du mit Lust und Laune auf, neue Projekte anzugehen und dich neuen Herausforderungen zu stellen?
- Oder schließt du die Augen vor Kummer – krank vor dem Gedanken, einen weiteren Tag im Büro verbringen zu müssen?

Wenn deine Antwort auf diese Frage eher der letzteren Antwort entspricht, dann hast du dein Ikigai vielleicht noch nicht gefunden.

Eine kurze Geschichte von Ikigai

Die genauen Ursprünge von Ikigai sind nicht bekannt. Das Wort lässt sich bis in die Nara-Periode im Japan des achten Jahrhunderts zurückverfolgen. Die meisten Japaner verwenden den Begriff heute jedoch nicht. Für die Bewohner von Okinawa – einer kleinen Insel, die ca. 650 km südlich des japanischen Festlandes liegt – ist das Wort jedoch essenziell für ihre Kultur und ihr persönliches Wohlbefinden.

Die Insel Okinawa hat schon lange das Interesse westlicher Menschen geweckt; zuletzt, weil sie als Mitglied der sogenannten ‚Blauen Zone' bezeichnet wurde – ein Gebiet, dessen Bewohner viel länger leben als der weltweite Durchschnitt.

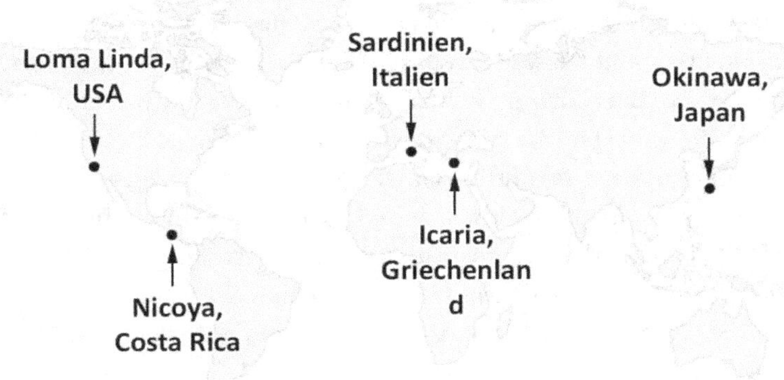

Abbildung 1 – Okinawa ist eine der fünf Regionen, die in Dan Buettners Buch ‚The Blue Zones: Lessons for Living Longer From the People Who've Lived the Longest' (zu Deutsch: ‚Blaue Zonen: Was wir für ein langes Leben von denen lernen können, die am längsten leben') aufgeführt sind

Bevor die Insel verwestlicht wurde, hatte Okinawa eine höhere Lebenserwartung als jede andere japanische Präfektur. Viele Theorien sind vorgeschlagen worden, um die beeindruckende Langlebigkeit der Bewohner zu erklären.

- Einige berufen sich auf ihre traditionelle Ernährung, die wenig Zucker und viel Gemüse enthält – vor allem die lokalen Süßkartoffeln.
- Die Genetik ist sicherlich ein Faktor. Die japanische Nation nimmt in jeder Liste der Lebenserwartung einen Spitzenplatz ein – im Bericht der Weltgesundheitsorganisation für 2019 rangiert sie mit einer durchschnittlichen Lebenserwartung von 84,3 Jahren auf dem ersten Platz.
- Andere wiederum haben vorgeschlagen, dass die Mentalität der Bewohner Okinawas ihr Schlüssel zur Gesundheit sein könnte.

In einem populären TED-Talk aus dem Jahr 2010 mit dem Titel ‚How to live to be 100' (Wie man leben sollte, um 100 zu werden) mutmaßte der New York

Times-Bestsellerautor Dan Buettner, dass die Bewohner Okinawas aufgrund ihres ‚Ikigai' ein langes und blühendes Leben erreichen können. Er erklärte:

„In der Sprache Okinawas gibt es nicht einmal ein Wort für Ruhestand. Stattdessen gibt es ein Wort, das dein ganzes Leben durchdringt, und dieses Wort ist ‚Ikigai'. Und, grob übersetzt, bedeutet es ‚der Grund, warum man morgens aufwacht'. Für diesen 102-jährigen Karate-Meister bestand sein Ikigai darin, seine Kampfkunst fortzuführen, für jenen 100-jährigen Fischer bestand es darin, weiterhin dreimal pro Woche Fisch für seine Familie zu fangen... Ein Institut für Altersforschung gab diesen Hundertjährigen einen Fragebogen, und eine der Fragen lautete: ‚Was ist dein Ikigai?' Und sie alle wussten sofort, warum sie morgens aufgewacht sind."

Nach seiner Einführung bei dem TED-Talk schien das Ikigai-Konzept für einige Jahre zu schlummern. Dann, im Jahr 2014, teilte der englische Blogger Mark Winn einen Beitrag auf seiner Website TheViewInside.Me, in dem er das Ikigai-Konzept mit einem Mengendiagramm zur Selbstentwicklung kombinierte – ursprünglich gezeichnet von dem spanischen Schriftsteller Andrés Zuzunaga.

Abbildung 2 – Das Diagramm von Andrés Zuzunaga erschien ursprünglich auf Spanisch. Mark Winn hat eine englische Übersetzung des Diagramms mit seiner Vorstellung von Ikigai verbunden. Die daraus resultierende Verschmelzung der beiden Konzepte ging 2014 viral. Hier ins Deutsche übersetzt.

Winns Blogeintrag (und die dazugehörige Skizze) ging kurz nach der Veröffentlichung viral – und inspirierte schließlich tausende von Autoren zu Büchern, Blogeinträgen, Videos und Artikeln mit Bezug zu Ikigai. Angesichts dieser merkwürdigen Synergie eines östlichen Konzepts mit einem westlichen Diagramm ist der größte Teil der zeitgenössischen Anleitungen zu Ikigai stark von der ursprünglichen japanischen Philosophie abgeleitet. Während die Okinawaner das Wort eher in Bezug auf soziale Verpflichtungen oder persönliche Hobbys verwenden, konzentriert sich die westliche Ikigai-Pädagogik oft auf die Selbstentfaltung, die Beherrschung von Fähigkeiten und das Unternehmertum.

Diese Ost-West-Spaltung sorgte Ende der 2010er-Jahre für einige Kontroversen. Genauso wie religiöse Sekten oft zerbrechen oder von ihrem ursprünglichen Quellenmaterial abweichen, tun dies auch die Methoden der Selbstentwicklung.

In diesem Buch werden wir die westliche Interpretation von Ikigai verwenden, die für unsere Bemühungen, Ziele zu setzen, besser geeignet ist. Woher der Begriff stammt, ist für unsere Zwecke nicht entscheidend. Du kannst es dein ‚höheres Ziel' oder ‚deine wahre Berufung' nennen oder es deinen ‚Grund, morgens aufzustehen' oder es dein ‚Ikigai' nennen. Die historische Herkunft des Begriffs ist von untergeordneter Bedeutung. Das Wichtigste ist, dass du *dein eigenes Ikigai* entdeckst.

Wie du dein Ikigai auswählst

Manchmal wählen die Leute ihr eigenes Ikigai. Und manchmal wählt dich ein Ikigai. Wie den Partner, in den du dich verlieben solltest, erkennt ihr euch vielleicht auf den ersten Blick. Oder eure Liebe kann sich erst nach Jahren entwickeln. Deshalb musst du bei der Erforschung deines Ikigai wachsam bleiben – ständig über den Tellerrand hinausblicken, immer bereit, neue Dinge, neue Hobbys und neue Karriereperspektiven auszuprobieren, wenn sie sich dir bieten. Die folgende Übung soll dir dabei helfen, mit dieser Suche zu beginnen.

Zunächst kannst du dir dein Ikigai als aus vier Teilen bestehend vorstellen:

1. **Leidenschaft**
2. **Berufung**
3. **Auftrag**
4. **Beruf**

Am besten ist es, über diese vier Attribute in Form von vier Fragen nachzudenken. Jedes Mal, wenn du auf eine neue Karrieremöglichkeit stößt, frage dich:

1. Könnte das meine **Leidenschaft** sein? Wie sehr liebe ich diese Fähigkeit?
2. Könnte das meine **Berufung** sein? Wie gut bin ich (oder wie viel Potenzial habe ich) in dieser Fähigkeit?
3. Könnte das mein **Auftrag** sein? Wie sehr wird diese Fähigkeit der Welt zugutekommen?

4. Könnte das mein **Beruf** sein? Wie wahrscheinlich ist es, dass ich für diese Fähigkeit gut bezahlt werde?

Der Trick besteht darin herauszufinden, welche Fähigkeiten du derzeit innehast (oder bereit bist, zu erlernen), und diese Fähigkeiten dann auf der Grundlage dieser vier Attribute in eine Rangfolge zu bringen.

Vielleicht spielst du gerne Computerspiele und bist sogar ziemlich gut darin. Aber obwohl es einige professionelle Gamer auf der Welt gibt, ist die tatsächliche Anzahl der Menschen sehr gering, die das Spielen zu einem lebenslangen Beruf machen. Dies gilt auch für andere berühmte Berufsgruppen wie Tänzer, Musiker, Sänger, Sportler und Schauspieler. Anstatt also darauf zu bestehen, dass dein Ikigai ,Computerspiele spielen' ist, könntest du einen greifbareren Beruf in Betracht ziehen und z. B. Computerspieleentwickler werden.

Wenn Programmieren nicht deine Stärke ist, ist das in Ordnung. Der Beruf des Spieledesigners ist heutzutage sehr vielfältig und erfordert eine Vielzahl von Talenten – wie digitale Künstler, Sounddesigner, Synchronsprecher und Marketingfachleute. Wenn du dich also für Computerspiele interessierst, dann ist jeder Beruf in der Spieleindustrie eine Überlegung wert und hat vielleicht das Potenzial, dein Ikigai zu werden.

Probiere es aus.

Wenn du mein kostenloses Arbeitsblatt noch nicht heruntergeladen hast, folge diesem Link, um es zu erhalten. Wenn du dieses Buch auf einem Kindle oder iPad liest, kannst du auf den Link klicken, um es zu erhalten. Die Taschenbuchleser unter euch können den Link in ihr Smartphone oder ihren PC eingeben.

www.AnthonyRaymond.org/316

Oder wenn es dir lieber ist, nimm einfach ein leeres Blatt Papier zur Hand und zeichne darauf vier Spalten. Schreibe oben in jede Spalte die folgenden Fragen:

1. Wie sehr liebe ich diese Fähigkeit?
2. Wie gut bin ich (oder wie viel Potenzial habe ich) in dieser Fähigkeit?
3. Wie sehr wird diese Fähigkeit der Welt zugutekommen?
4. Wie wahrscheinlich ist es, dass ich für diese Fähigkeit anständig bezahlt werde?

Weise nun für jede Fähigkeit oder Beschäftigung, die das Potenzial haben könnte, dein Ikigai zu sein, einfach jeder der vier Spalten eine Zahl (von 1 bis 10) zu. Die Zahl steht für den Grad, in dem du glaubst, die Frage bejahen zu können.

Die erste Frage ist zum Beispiel: Wie sehr liebe ich diese Fähigkeit?

- Wenn du z. B. die Fähigkeit ‚Videoschnitt' liebst, dann schreibe eine ‚10' in die erste Spalte.
- Wenn du Videoschnitt überhaupt nicht magst, dann gib der Fähigkeit eine ‚1'.
- Wenn du die Tätigkeit zumindest ein wenig genießen kannst, dann gib ihr eine Zahl irgendwo im Bereich von ‚3' bis ‚6'.
- Und so weiter …

Fülle jede der vier Fragen auf die gleiche Weise aus und fasse dann die Ergebnisse zusammen. Wiederhole diese Übung für jede Fähigkeit oder jedes Hobby, an dem du jemals Interesse gezeigt hast. Wenn du fertig bist, identifiziere die Zeile, die die höchste Punktzahl hat. Das könnte dein Ikigai sein.

Fühle dich nicht verpflichtet, dein Ikigai sofort zu entdecken, nachdem diese Übung abgeschlossen ist. Stattdessen solltest du dieses Blatt an einem sicheren Ort aufbewahren. Denn jedes Mal, wenn du über eine neue Karriere-Idee stolperst, wirst du die Übung wiederholen wollen – indem du dir die vier Fragen noch einmal stellst.

Deine Antworten auf diese Fragen werden sich im Laufe der Jahre genauso weiterentwickeln wie du selbst. Wenn du älter wirst, werden die meisten Berufe auf deiner Liste wahrscheinlich ihren Reiz verlieren. Schließlich werden nur ein oder zwei Elemente die Zeit überstehen – und jedes Mal, wenn du diese Übung wiederholst, zuverlässig hohe Noten erhalten. Wenn du dich dabei erwischen solltest, dass du immer wieder zu einem Beruf zurückkehrst, ist das vielleicht wirklich dein Ikigai.

Achte auf ein falsch ausgerichtetes Ikigai

Wenn du die obige Ikigai-Entdeckungsübung machst, ist es entscheidend, dass du versuchst, so ehrlich wie möglich zu dir selbst zu sein. Wenn du nicht in der Lage sein solltest, eine objektive Bewertung deiner eigenen Fähigkeiten vorzunehmen, kann es sein, dass du mit einem falsch ausgerichteten *Ikigai* endest.

Um die Bedeutung dieses Punktes zu verdeutlichen, betrachte einmal die Kandidaten in einer der vielen Casting-Shows wie *Deutschland sucht den Superstar*, *Das Supertalent* oder *The Voice*. Woche für Woche zeigen diese Sendungen Menschen, die es *nicht* geschafft haben, ihr wahres Ikigai zu entdecken.

- Achte darauf, dass die Mehrheit der Kandidaten bei ihrem ersten Vorsprechen abgelehnt wird.
- Achte auf den Ausdruck von Schock und Verzweiflung in ihren Gesichtern, wenn man ihnen sagt, dass sie „einfach nicht gut genug" sind.
- Achte darauf, wie sie (oft auf humorvolle Weise) von der Bühne stürmen, sich beharrlich weigern, zu glauben, dass sie nicht singen können, und darauf bestehen, dass ihre Leidenschaft für das Singen nicht vergebens ist.

Warum ist diese Information für sie so neu?

Wenn wir zu Hause sitzen und uns die DSDS-Castings anhören, ist es normalerweise für uns alle ziemlich offensichtlich, dass die Mehrheit dieser Kandidaten nicht besonders gut singen kann. Warum also ist diese Erleuchtung nicht bis zu ihnen gedrungen?

Das Problem ist Folgendes: Die meisten dieser Kandidaten haben es nur geschafft, die *erste* Ikigai-Frage zu beantworten: „Was machst du gerne?"

Sie lieben es, zu singen.

Sie lieben es wirklich, zu singen.

Aber nur ‚gerne zu singen' reicht nicht aus. Sie haben die anderen drei Fragen nicht richtig berücksichtigt:

- Wie gut bin ich (oder wie viel Potenzial habe ich) in dieser Fähigkeit?
- Wie sehr wird diese Fähigkeit der Welt zugutekommen?
- Wie wahrscheinlich ist es, dass ich für diese Fähigkeit anständig bezahlt werde?

Die Welt hat viele *schlechte* Sängerinnen und Sänger. Und das Publikum wird nicht dafür bezahlen, eine mittelmäßige Stimme zu hören. Die meisten dieser Leute sind einfach nicht für die Musikindustrie bestimmt. Sie haben ihr Ikigai schlecht gewählt. Sie üben einen Beruf aus, der für ihre angeborenen Talente oder Veranlagungen nicht geeignet ist.

Um einen ähnlichen Schlamassel zu vermeiden, ist es am besten, wenn du ein Ikigai verfolgst, das aus allen vier Zutaten besteht.

- Vielleicht findest du deine Leidenschaft in einem gut bezahlten Beruf. Aber solange du nicht etwas produzierst, das die Welt wirklich braucht, hast du vielleicht nicht das Gefühl, dass deine Arbeit viel Bedeutung hat.
- Du könntest einen Beruf ausüben, der anständig bezahlt wird. Aber wenn du kein Interesse in dem Bereich hast, dann kann die Arbeit zur Qual werden.
- Vielleicht gelingt es dir, deinen Auftrag im Leben zu entdecken, und du hast tatsächlich eine Leidenschaft dafür. Aber vielleicht bist du einfach nicht gut darin. So könntest du für immer in deiner Karriere stolpern – und nie wirklich das Gefühl haben, dass du es ‚kapierst'.

Viele der Kandidaten bei DSDS haben (fälschlicherweise) ‚Singen' als ihr Ikigai gewählt. Und sie hätten jeder der vier Fragen in unserer vorangegangenen Übung die Zahl 10 zugeordnet. Sei also nicht wie die Kandidaten bei DSDS. Stattdessen ist es am besten, wenn du daran arbeitest, dich mit deinen Stärken und Schwächen vertraut zu machen.

Wenn du neu im Berufsleben bist, scheue dich nicht, viele verschiedene Arten von Jobs, Nebenjobs, Auftritten und Praktika anzunehmen. Dein anfängliches Ziel sollte *nicht* einfach ‚Geld verdienen' sein. Versuche stattdessen, in viele Berufe hineinzuschnuppern und herauszufinden, für welche du am besten geeignet bist. Während du dich mit jeder arbeitsbezogenen Aufgabe beschäftigst, notiere dir, welche Fähigkeiten du schnell zu erlernen scheinst und welche Arbeiten du verabscheust. Stell dir immer wieder die gleichen Fragen:

- „Könnte das meine Leidenschaft sein?"
- „Könnte das meine Berufung sein?"
- „Könnte das mein Auftrag sein?"
- „Könnte das mein Beruf sein?"
- „Könnte das mein Ikigai sein?"

Kapitel 4: Besiege Prokrastination mit deinem Ikigai

Ziele erfordern *Handeln*, um sie zu erreichen. Das Gegenteil von Handeln ist Untätigkeit. Der Feind der Zielerreichung ist also die Untätigkeit. Diese Untätigkeit ist typischerweise das Ergebnis eines psychologischen Zustands der Apathie, Trägheit, Verzweiflung oder Müdigkeit. Allgemeiner ausgedrückt fällt das Verhalten, das sich durch diese Emotionen manifestiert, unter die Rubrik ‚Prokrastination'.

Wir alle werden kurz nach Beginn unserer Schulzeit in das Laster der Prokrastination eingeführt. Studierende geben schnell an, dass *Prokrastination* eine ihrer größten Herausforderungen ist. Eine Meta-Analyse der deutschen Soziologin Katrin B. Klingsieck aus dem Jahr 2013 ergab, dass 70 % aller Studierenden sich selbst als ‚Prokrastinierer' bezeichnen und etwa die Hälfte dies als ‚großes Lebensproblem' wahrnimmt.

Um diesen inneren Schweinehund besser zu verstehen, lass uns eine Geschichte erzählen:

Betrachte einmal den Tag im Leben eines typischen Studierenden – nennen wir ihn Peter. An einem ereignislosen Dienstagabend sehen wir ihn ruhig in einem Bus sitzen. Er hat gerade einen weiteren Tag voller Vorlesungen hinter sich und macht sich auf den Weg durch die Stadt zu seiner Wohnung außerhalb des Campus. Er schließt die Augen und stellt sich vor, wie er zu Hause ankommt, einen gesunden Snack isst und sich auf einen langen Abend mit akademischen Aufgaben einstellt. Er hat morgen eine wichtige Biologieprüfung und muss darauf vorbereitet sein.

Peters Bus kommt an einer Kreuzung in der Nähe seines Wohnhauses zum Stehen. Er steigt aus, geht den kurzen Weg zu seinem Wohnblock, öffnet die Tür und geht in den Eingangsbereich des Gebäudes. Dann fährt er mit dem Aufzug in die dritte Etage und entdeckt die vertraute Tür seiner kleinen Wohnung. Er dreht seinen Schlüssel im Türschloss, tritt ein und wirft dann lässig seinen Rucksack auf den Küchentisch.

An diesem Punkt der Geschichte sollten wir unseren ‚Prokrastinations-Timer' starten. Wie viele Minuten vergehen zwischen dem Moment, in dem Peter zu Hause angekommen ist, und dem Moment, in dem er zu lernen beginnt? Die Dauer dieser heiklen Periode diktiert in der Regel die Menge an tatsächlicher *Lernzeit*, die unser Proband in seinen Abend quetschen kann.

Erinnerst du dich daran, dass, als Peter im Bus saß, sein Plan für den Abend war, „einen gesunden Snack zu essen und sich auf eine lange Nacht mit akademischen Aufgaben einzustellen"? Aber lass uns einmal überlegen, wie diese Abende wirklich ablaufen:

- Zuerst mach sich Peter eine Schüssel gezuckerte Cornflakes mit Milch und schaltet den Fernseher ein, um Netflix zu schauen, während er zu Abend isst. Seine Mahlzeit sollte nur zehn Minuten in Anspruch nehmen. Aber der Zeichentrickfilm ist dreißig Minuten lang und Peter will ihn bis zum Ende sehen.
- Sobald der Zeichentrickfilm fertig ist, geht Peter an seinen Schreibtisch. Er fährt seinen Laptop hoch und stellt fest, dass sein Lieblings-YouTuber ein neues Video veröffentlicht hat. Es ist nur zehn Minuten lang, also kann es nicht schaden, es anzusehen.
- Natürlich kann sich niemand nur ein einziges YouTube-Video ansehen. Also konsumiert Peter noch ein paar Videos, bevor er den Webbrowser schließt. Das frisst weitere dreißig Minuten Lernzeit.
- Als seine Video-Session endlich beendet ist, stellt Peter fest, dass seine Nachbarn ihre Stereoanlage extrem laut aufgedreht haben – was die Konzentration erschwert. Er fragt sich, ob sie heute Abend eine Party feiern und ob sie ihn einladen werden.
- Als er sein schweres Lehrbuch auf dem Schreibtisch aufschlägt, merkt er, dass er jetzt etwas müder ist als noch vor einer Stunde. Seine Augenlider fühlen sich schwer an, während er durch die Seiten des Buches blättert.

- Während die Minuten vergehen, erscheint ihm der Gedanke, einen Abend lang in einem Biologiebuch zu wühlen, langweiliger, als er ursprünglich angenommen hatte. Er kann seine Nachbarn in der Nachbarwohnung lachen hören. Sie klingen so, als hätten sie viel Spaß. Plötzlich erscheint ein Abend mit Pizza, Bier und Computerspielen viel einladender als ein Abend, an dem man Biologie-Fakten auswendig lernt.

Und so geht der kaskadenartige Verfall von Peters Willenskraft weiter. Er wollte lernen, sobald er durch die Tür kam. Aber jetzt hat unser ‚Prokrastinations-Timer' fast zwei Stunden verschwendete Zeit angesammelt. Peter hat keine Lust mehr, viel zu tun. Die wechselnden Emotionen, die seinen mentalen Zustand ausmachen, unterliegen einem Phänomen, das Forscher *dynamische Inkonsistenz* nennen.

- Als Peter zu Hause ankam, hatte er die Einstellung eines gewissenhaften Studenten – bereit, seinen akademischen Interessen mit großem Eifer nachzugehen.
- Aber jetzt hat er die Mentalität eines Herumtreibers, der sich nur nach Entspannung und Geselligkeit sehnt.

Peters Stimmung ist unvereinbar mit seinen erklärten Wünschen. Anstatt für seine Prüfung zu lernen, denkt er an alternative Aktivitäten. Er schaut auf sein aufgeschlagenes Biologie-Lehrbuch und versteht, was er ‚jetzt tun sollte'. Aber anstatt es zu tun, zappelt er in seinem Stuhl herum, starrt auf die Poster an seiner Zimmerwand, spielt mit seinem Telefon und träumt von tausend anderen Dingen, die er jetzt lieber tun würde.

Mit anderen Worten: Peter prokrastiniert.

Das vorangegangene Szenario ist uns allen bekannt. Jeder, der schon einmal bei dem Gedanken gezuckt hat, eine weitere Stunde mit einer Hausaufgabe zu verbringen, kennt die inneren Kämpfe, die ausgefochten werden – der Kampf zwischen dem, ‚was man tun sollte', und dem, ‚was man lieber tun würde'.

- Ist es möglich, dass diese divergierenden Fraktionen endlich Frieden schließen?
- Oder sind diese beiden Kräfte für immer dazu bestimmt, gegeneinander zu kämpfen?

- Gibt es irgendetwas, was wir tun können, um die schädlichen Auswirkungen der Prokrastination abzuschwächen?

Was ist Prokrastination?

Beginnen wir mit der Beschreibung des Problems.

Dr. Piers Steel von der University of Calgary hat eine hervorragende Definition unseres Leidens verfasst. Er meint:

„Prokrastinieren **ist das freiwillige Aufschieben einer beabsichtigten Handlung – trotz der Erwartung, durch die Verzögerung** *schlechter gestellt* **zu sein."**

Der Wortlaut ist hier entscheidend und du solltest dir etwas Zeit nehmen, um über dieses Zitat nachzudenken; es verrät viel über den mentalen Zustand des typischen Prokrastinierers.

- Die meisten Prokrastinierer wissen bereits, was sie tun *sollten.*
- Die meisten Prokrastinierer wissen bereits, dass ihre *beabsichtigte* Vorgehensweise besser ist als die, die gerade bei ihnen vorherrschend ist.
- Die meisten Prokrastinierer sind sich der Tatsache bewusst, dass sie sich mit jeder Minute, die sie prokrastinieren, nur selbst schaden.

Die herkömmliche Weisheit besagt, dass Prokrastination durch einen Mangel an Zeitmanagementfähigkeiten entsteht. D. h., wenn der Betroffene nur seine Zeit besser einteilen würde, dann würde er aufhören zu prokrastinieren. Dieser Ansatz ist zwar manchmal hilfreich, geht aber am Kern des Problems vorbei.

Wenn jemand mitten in einer Prokrastinationsphase steckt, dann hilft es nicht wirklich, ihm eine ‚heiße neue Zeitmanagementtechnik' vorzustellen. Solche Tipps können die Effizienz einer Person erhöhen, die bereits hart arbeitet. Aber sie sind vielleicht nicht anwendbar für jemanden, der so von Prokrastination gelähmt ist, dass er nicht einmal anfangen kann.

Außerdem ist es einfach nicht so, dass unser Student aus ‚Zeitmangel' prokrastiniert. Er hat genug Zeit, die ihm zur Verfügung steht. Er benutzt sie nur nicht, um etwas Produktives zu tun. Ironischerweise ist es tatsächlich die Drohung einer *unzureichenden Zeit* (d. h. eine drohende Deadline), die am effektivsten ist, um eine Prokrastinationsphase zu beenden. Deshalb entdeckt jeder Studierende in der Nacht vor dem Test den Willen, für seine Abschlussprüfung zu lernen.

Wenn Prokrastination also nicht aus einem bloßen ‚Zeitmangel' kommt, woher kommt sie dann?

Beginnen wir damit, die Auslöser der Prokrastination in vier Kategorien zu unterteilen:

1. **Ablenkung** – Externe Reize (die nichts mit der aktuellen Aufgabe zu tun haben), die die Aufmerksamkeit unseres Studierenden von ihrem primären Ziel ablenken.
2. **Allgemeine geistige Ermüdung** – Wenn das Gehirn keine Energie mehr hat, ruft es Emotionen hervor, um eine Überlastung zu verhindern.
3. **Angst** – Das allgemeine Gefühl des Unbehagens, das unser Studierender empfindet, wenn er den Arbeitsaufwand bedenkt, der zur Erreichung seines Ziels erforderlich ist. Wir empfinden Angst, wenn wir über ein Blatt mit Matheaufgaben nachdenken, so wie wir es tun würden, wenn wir uns darauf vorbereiten, einen schweren Gegenstand zu heben. Außerdem hat der Studierende vermutlich Angst vor dem Ergebnis. Er könnte Angst haben, zu versagen, Angst vor Erfolg, oder er könnte sogar denken, dass seine Handlungen zu folgenschweren Veränderungen im Leben führen werden (im Guten wie im Schlechten), auf die er vielleicht nicht vorbereitet ist.
4. **Negative emotionale Assoziationen mit der Aufgabe** – Die Menge der negativen Emotionen, die auftauchen, weil der Studierende in der Vergangenheit schlechte Erfahrungen mit der Aufgabe gemacht hat. Seinem Verstand ist bewusst, wie zermürbend die Arbeit sein kann, und er sieht nicht den unmittelbaren Wert darin, sie zu tun. Also wird sein Gehirn Gründe formulieren, um sich nicht anstrengen zu müssen.

Von diesen vier Auslösern sind die Lösungen ziemlich einfach, die für die ersten drei benötigt werden. An anderer Stelle wurde bereits viel darüber geschrieben, wie man Ängste beseitigt, seinen Arbeitsplatz von Ablenkungen befreit und sich vor geistiger Ermüdung schützt. Dein Gehirn wird nach einem Training genauso müde wie deine Arme und Beine. Das ist der Grund, warum geistige Aufgaben am besten erledigt werden sollten, wenn du morgens aus dem Bett steigst, und warum sie anstrengend erscheinen, wenn du um 23.00 Uhr kurz vor dem Einnicken bist. Genauso wie du nicht erwarten kannst, dass dein Bizeps den ganzen Tag und die ganze Nacht Gewichte stemmt, kannst du nicht erwarten, dass dein Gehirn in jedem Moment des Arbeitstages das gleiche Maß an Willenskraft zeigt. Um diese Auswirkungen abzumildern, kannst du damit beginnen, all die cleveren Zeitmanagementtechniken zu nutzen, über die du bereits online gelesen hast – auf Webseiten wie Gizmodo, Lifehacker oder WikiHow. Diese Artikel enthalten oft nützliche Brain Hacks wie z. B.:

- Arbeite an deinen schwierigsten Aufgaben am Morgen – wenn dein Geist frisch ist. Und erledige die leichteren Aufgaben (die nicht so viel kognitive Anstrengung erfordern) später am Tag.
- Achte auf acht Stunden Schlaf pro Nacht. Ziehe die Verwendung von Verdunkelungsvorhängen in Betracht, um dein Zimmer dunkel zu halten, falls du einen ungleichmäßigen Schlafrhythmus haben solltest.
- Steigere dein tägliches Energieniveau durch Ernährung und Bewegung.
- Vermeide den Verzehr von Zucker und Kohlenhydraten vor oder während einer Lerneinheit.
- Verwende einen stündlichen Kalender, um ablenkungsfreie Arbeitszeiten freizuhalten.
- Verwende die Pomodoro-Methode, damit du dich in 25-minütigen Einheiten konzentrieren kannst, gefolgt von 5-minütigen Pausen.
- Stell dein Handy auf lautlos und halte es von deinem Arbeitsplatz fern (am besten in einem anderen Raum), damit du nicht in Versuchung kommst, während des Lernens danach zu greifen.
- Installiere eine Software auf deinem PC, um den Zugriff auf ablenkende Webseiten während der Arbeitszeit einzuschränken.

All diese Tipps sind großartig. Ich selbst – ein Meister im Prokrastinieren – habe jede davon genutzt.

- Ich habe die Pomodoro-Methode in den letzten acht Jahren täglich angewendet (ich benutze sie gerade jetzt, um dieses Buch zu schreiben).
- Ich habe ein Programm namens *Cold Turkey Blocker Pro* auf meinem PC installiert, um zu verhindern, dass ablenkende Websites geladen werden.

- Und mein Handy verbringt die ersten acht Stunden eines jeden Tages eingesperrt in einem Plastikbehälter – der *KSafe Battery-powered Time-Release Lockbox* (aka die besten 59 Dollar, die ich je ausgegeben habe).

Abbildung 3 – Die KSafe Lockbox verfügt über ein Zeitschloss, das so eingestellt werden kann, dass es jeden Tag für mehrere Stunden geschlossen bleibt.

Während solche Taktiken gut geeignet sind, die ersten drei Auslöser der Prokrastination zu beseitigen, sollten wir uns etwas Zeit nehmen, um den vierten Punkt in unserer vorangegangenen Liste von Triggern zu besprechen: ‚Negative emotionale Assoziationen mit der Aufgabe.'

Selbst wenn du alle Zeitmanagement-Tipps auf Lifehacker.com beherzigt haben solltest (z. B., nachdem du alle Ablenkungen von deinem PC beseitigt, dein Handy weggesperrt und einen ruhigen Raum zum Arbeiten gefunden hast), hast du vielleicht *immer noch* Schwierigkeiten, den Willen aufzubringen, die anstehende Aufgabe tatsächlich zu erledigen. Trotz all deiner Lifehacks kann es *immer noch* sein, dass du einfach keine *Lust hast,* zu arbeiten.

Dies ist der Zeitpunkt, an dem der *wahrgenommene Wert* der Arbeit in Frage gestellt wird. Wenn dein Gehirn Schwierigkeiten hat, sich den resultierenden Nutzen aus einer mühsamen Aufgabe vorzustellen, dann wird es negative Emotionen nutzen, um dich davon abzuhalten, die Aufgabe zu erledigen. Um diesen Punkt zu verdeutlichen, lass uns ein paar Gedankenexperimente machen.

Gedankenexperiment 1

Als wir unseren Studenten (Peter) das letzte Mal verließen, saß er in seiner Wohnung mit einem aufgeschlagenen Biologie-Lehrbuch auf dem Schoß. Er weiß, dass er zur Vorbereitung auf die morgige Prüfung lernen sollte, und hat diese Zeiteinheit für die Aufgabe vorgesehen. Aber er macht es nicht.

Er sitzt einfach nur da...

Er prokrastiniert...

Plötzlich platzt der Weltraumunternehmer Elon Musk in Peters Zimmer und erzählt ihm, dass SpaceX mehrere Nachrichten aus der Zukunft erhalten hat. Die Menschen des Jahres 2400 haben ihm mitgeteilt, dass Peter dazu bestimmt ist, der größte Mikrobiologe aller Zeiten zu werden. Seine Forschung wird Millionen von Leben retten und er wird ein bekannter Name mit einer langen und anerkannten Karriere in der Wissenschaft werden. Aber diese mögliche Zukunft hängt von einem einzigen Ereignis ab – dem Ergebnis der morgigen Biologieprüfung. Das Nichtbestehen einer Note führt zu einer Kaskade von Fehlentscheidungen, die Peter dazu bringen werden, die Uni abzubrechen und sich dem Zirkus anzuschließen.

Elon legt Peter eine Hand auf die Schulter, sieht ihn mit besorgtem Blick an und sagt: „Bitte, lerne fleißig und mach den Test gut. Wir verlassen uns alle auf dich." Dann springt er in einen bereitstehenden Hubschrauber und fliegt davon.

Lass uns nun die folgenden Fragen betrachten:

- Glaubst du, dass es Peter leichter fallen wird, sich den Versuchungen zu entziehen, die derzeit seine Aufmerksamkeit vom Studium ablenken?
- Glaubst du, dass er weniger geneigt sein wird, sich durch Computerspiele, Studentenpartys oder soziale Medien von der Aufgabe ablenken zu lassen?
- Glaubst du, dass Peter jetzt besser in der Lage ist, seinen Geist und seinen Körper davon zu überzeugen, in die langen Stunden des Lernens zu investieren, die erforderlich sein werden, um den morgigen Test zu bestehen?

Denk über diese Fragen nach, während wir uns ein zweites Gedankenexperiment anschauen.

Gedankenexperiment 2

Nehmen wir nun an, Peter wird wieder von Elon Musk besucht, aber die Nachricht ist weniger bedeutsam. Elon erzählt Peter, dass SpaceX ein Gerät erfunden hat, das Vorhersagen über die Zukunft machen kann. Die Maschine hat festgestellt, dass es eine Chance von 65 % gibt, dass Peter im nächsten Jahr sein Hauptfach wechseln wird – von Biologie zu Architektur. Daher sind die in Peters Biologieunterricht erworbenen ECTS-Punkte für ihn möglicherweise überhaupt nicht von Wert. Für die morgige Prüfung zu lernen, könnte eine Zeitverschwendung für Peter sein.

„Ich dachte, das könnte dich vielleicht interessieren", ruft Elon, bevor er mit dem Hubschrauber abhebt.

Wieder allein in seinem Zimmer, bleibt Peter zurück, um über diese neue Information nachzudenken. Er starrt auf die langen Textstellen in seinem Biologiebuch, während Wellen von Zweifeln und Ängsten über ihn hereinbrechen. Er kratzt sich am Kinn, lehnt sich in seinem Stuhl zurück und denkt: „Was bringt es, diese Fakten zu lernen, wenn die Chance, dass sie für mich völlig wertlos sind, ganze 65 % beträgt?"

Während die Minuten vergehen, vervielfachen sich seine Vorbehalte. Bald erscheint der Gedanke, den Abend mit Computerspielen zu verbringen, weitaus verlockender als eine Nacht, die mit intensivem Lernen verbracht wird. Peter wirft frustriert seinen Bleistift hin und verbringt die nächsten Stunden damit, in seinem Zimmer Trübsal zu blasen.

Rückblick

Welche Elemente unterschieden sich in unseren beiden obigen Gedankenexperimenten? Warum war Peter in der Lage, Prokrastination in Szenario eins zu vermeiden, aber nicht in Szenario zwei?

- In unserem ersten Gedankenexperiment haben wir eine wertvolle Belohnung an das Ergebnis von Peters Arbeit geknüpft. Das Bestehen des morgigen Tests wird ihn reich, berühmt und erfolgreich machen. Darüber hinaus wird seine zukünftige medizinische Forschung einen großen Nutzen für die Menschheit haben – was ihm die Bewunderung seiner Kollegen und akademisches Prestige einbringt. Angesichts der Attraktivität jedes dieser Köder war Peters limbisches System in der Lage, die nötige Willenskraft heraufzubeschwören, um für den Test zu lernen.

- Im zweiten Szenario war der wahrgenommene Wert der Aufgabe jedoch weit weniger sicher. Es bestand eine 65%ige Chance, dass Peters zukünftige akademische Karriere nicht vom Ergebnis der Prüfung profitieren würde. Die Mühen, die er für das Studium aufwenden wollte, waren vielleicht unangebracht – und hatten keinen positiven Einfluss auf seine zukünftigen Lebensziele. Infolgedessen hatte Peters Gehirn Schwierigkeiten, den Wert zu erkennen, den es hatte, einen Abend mit Lernen zu verbringen, und so veranlasste es ihn, zu prokrastinieren.

Leider ist das wirkliche Leben mit solchen unangenehmen Wahrscheinlichkeiten gespickt. Der realisierte Wert unserer Arbeit – vor allem im akademischen Bereich – kann nicht vorhergesagt werden. Wir wissen nicht, ob die Informationen, die wir lernen, jemals sehr nützlich für uns sein werden. Also denken wir uns Gründe aus, um die Arbeit aufzuschieben, die nötig ist, um zu lernen. Diese Vermeidungsstrategie gilt natürlich auch für andere Bereiche:

- Wir wissen nicht, ob uns die Stadt, in die wir umziehen wollen, gefallen wird, also schieben wir den Anruf beim Makler auf.
- Wir wissen nicht, ob das Mädchen in unserer Klasse jemals auf ein Date mit uns gehen würde, also schieben wir es vor uns her, sie nach ihrer Telefonnummer zu fragen.
- Wir wissen nicht, ob unsere Geschäftsidee auf Lob oder Spott stoßen wird, also zögern wir, jemandem davon zu erzählen.

Wir wissen es nun mal nicht...

Je unsicherer wir über den potenziellen Nutzen einer Aufgabe sind, desto leichter ist es für das limbische System, Gründe auszuhecken, um sie zu vermeiden. Prokrastination ist die Art deines Gehirns, dir mitzuteilen, dass es keinen unmittelbaren Nutzen darin sieht, die Energie, die du von ihm verlangst, für die anstehende Aufgabe aufzuwenden. Dein Reptilienhirn ist hervorragend darin, kurzfristige Vergnügungen zu verfolgen. Und sehr schlecht darin, den potenziellen Wert von langfristigen Zielen einzuschätzen.

Dein bewusster Verstand weiß, dass gute Dinge passieren werden, wenn du dein Medizinstudium erfolgreich abschließt. Aber dein Reptilienhirn weiß nicht einmal, was ein Lehrbuch ist, und es versteht nicht, warum du so viele Stunden damit verbringst, auf die kleinen schwarzen Linien auf den Seiten zu starren. Daher wird es mit emotionalen Gegenmaßnahmen versuchen, dich zu einer anderen Handlungsweise zu bewegen. Wenn du zulässt, dass solche Tricks in dein Bewusstsein eindringen, könntest du dich gezwungen fühlen, deine Verpflichtungen völlig aufzugeben und sie durch das Streben nach fleischlichen Gelüsten oder dem leiblichen Wohl zu ersetzen. Wenn dein Verstand außerdem völlig davon überzeugt ist, dass die Handlung, mit der du beschäftigt bist, völlig sinnlos ist, dann wird er einen Strom negativer Emotionen ausschütten, der die Aufgabe zur Qual macht.

Um diesen Punkt zu verstehen, lass uns kurz eine Geschichte des russischen Schriftstellers Fjodor Dostojewski nacherzählen.

Dostojewski über Karrierestreben

Während Dostojewski eine vierjährige Haftstrafe im Gefangenenlager Katorga in Sibirien verbüßte, hatte er viel Zeit, um über die Nöte der Menschen nachzudenken. Interessanterweise war er zu ‚vier Jahren harter Zwangsarbeit‘ verurteilt worden. Dabei bemerkte er, dass die Arbeit eigentlich nicht so schwer war. Die Bauern, so beobachtete er, arbeiteten oft härter als die Häftlinge – vermutlich, weil sie (zumindest teilweise) für sich selbst arbeiteten, manchmal auf ihrem eigenen Stück Land.

Bei der Beobachtung dieser Zweiteilung kam Dostojewski zu dem Schluss, dass die Arbeit am ‚härtesten‘ war, wenn sie sinnlos wäre. Er schrieb:

„Es kam mir einmal in den Sinn, dass, wenn [jemand] einen Menschen auf ein Nichts reduzieren wollte, ihn grausam bestrafen wollte... [dann könnte man das tun, indem man ihn an einer Aufgabe arbeiten lässt, die völlig nutzlos ist]. Harte Arbeit... ist nicht im Interesse des Verurteilten; aber sie hat ihren Nutzen. Der Häftling macht Ziegelsteine, gräbt die Erde um, baut... [Und manchmal] interessiert sich sogar der Häftling für das, was er tut. Er möchte dann geschickter, vorteilhafter arbeiten. [Wenn der

Gefangene aber gezwungen wird,] Wasser von einem Gefäß in ein anderes zu schütten oder [Schmutz] von einem [Loch] in ein anderes zu transportieren, [um es dann wieder auszugraben und zurückzutransportieren], dann bin ich überzeugt, dass der Gefangene sich nach ein paar Tagen eher erwürgen würde... als solche Qualen zu ertragen."

Solche Vorkommnisse zeigen, warum es für jeden von uns so wichtig ist, sein Ikigai zu entdecken – unsere ‚wahre Berufung'. Wir müssen eine Beschäftigung finden, die (in irgendeiner Weise) sowohl für uns selbst als auch für die Gemeinschaft sinnvoll ist. Die Arbeit geht viel leichter von der Hand (und die Prokrastination lässt nach), wenn der Arbeiter davon überzeugt ist, dass seine Arbeit zu einem echten Wert führt – wenn nicht für ihn selbst, dann für seine Mitmenschen (vorzugsweise für beide).

Leider sind viele von uns in Uni-Kursen eingeschrieben oder arbeiten in Sackgassen-Jobs, die für niemanden besonders nützlich sind. Oft ist die Motivation, solche Aktivitäten zu verfolgen, das Ergebnis eines externen Antriebs.

- Vielleicht hast du dich an der Uni immatrikuliert, weil ein Familienmitglied darauf bestanden hat.
- Vielleicht arbeitest du nur in einem deine Lebenskraft raubenden Bürojob, weil die Bezahlung gut ist.

Wenn du keinen echten Wert in den Früchten deiner Arbeit siehst (außer den Eltern oder dem Kontostand zu gefallen), dann kann dein Geist in einen Zustand ständiger Konflikte geraten. Du wirst für immer damit zu kämpfen haben, dein limbisches System dazu zu bringen, deinen Befehlen zu folgen. Du musst dir weiterhin etwas vormachen – kleine Lügen, die dich dazu bringen, zu glauben, dass ein Leben, in dem du Papiere über den Schreibtisch schiebst, ein lebenswertes Leben ist.

Deshalb ist ein Ikigai vielschichtig. Wir müssen uns einen Beruf suchen, der alle *vier* unserer Kriterien erfüllt. Lass uns diese ein letztes Mal aufzählen:

1. Leidenschaft – Wie sehr liebe ich diese Fähigkeit?
2. Berufung – Wie gut bin ich (oder wie viel Potenzial habe ich) in dieser Fähigkeit?

3. Auftrag – Wie sehr wird diese Fähigkeit der Welt zugutekommen?
4. Beruf – Wie wahrscheinlich ist es, dass ich für diese Fähigkeit anständig bezahlt werde?

Leider sind die meisten Menschen im Westen in ihrem Streben nach Glück mit Scheuklappen ausgestattet. Sie verfolgen ausschließlich die vierte Eigenschaft – sie kümmern sich nur darum, wie viel Geld sie verdienen können.

Der Umgang mit Geld wird immer ein Thema in deinem Leben sein, aber er darf nicht zum einzigen Faktor werden, den du beim Abwägen deiner Lebensziele berücksichtigst. Wenn dies der Fall ist, wachst du vielleicht eines Tages auf und findest dich in einem Job wieder, den du verabscheust, und fürchtest dich vor der Vorstellung, einen weiteren Tag mit sinnloser Schufterei zu verbringen.

Die menschliche Bereitschaft, farblose Lebensstunden gegen Geld einzutauschen, ist ein merkwürdiges Verhalten, das den Yale-Anthropologen David Graeber dazu veranlasste, seinen 2018 erschienenen Bestseller ‚Bullshit-Jobs' zu schreiben. Hier definiert Graeber einen ‚Bullshit-Job' als:

„Eine Form der bezahlten Beschäftigung, die so völlig *sinnlos*, *unnötig* oder *schädlich* ist, dass selbst der Arbeitnehmer ihre Existenz nicht rechtfertigen kann."

In dem Buch gibt Graeber mehrere Beispiele für solche Berufe: Lobbyisten, Unternehmensanwälte, Call-Center-Mitarbeiter, PR-Leute, Türsteher und Manager der mittleren Führungsebene.

Wir sollten beachten, dass Graeber zwischen einem ‚Bullshit-Job' und einem ‚Scheiß-Job' unterscheidet:

*   Ein ‚Scheiß-Job' ist einfach ein beschissener Job. Die Arbeit, die diese Leute leisten, könnte jedoch tatsächlich recht wertvoll sein. Zum Beispiel wird von Hausmeistern und Menschen bei der Müllabfuhr oft gesagt, sie hätten ‚Scheiß-Jobs', aber nicht ‚Bullshit-Jobs'. Wenn diese Männer und Frauen morgen nicht zur Arbeit erscheinen, werden wir alle bis zum Hals im Müll stecken. Ihre Arbeit, so unangenehm sie auch sein mag, ist alles andere als sinnlos.

- Ein ‚Bullshit-Job' ist (definitionsgemäß) sinnlos. Es ergibt sich kein Wert für die Welt, außer dass es der Person, die den Bullshit Job innehat, ein Gehalt (manchmal ein sehr hohes Gehalt) verschafft.

Nichts wird dich mehr zum Prokrastinieren animieren als die Erkenntnis, dass die Arbeit, zu der du deinen Körper zwingen willst, völlig sinnlos und ohne jeden existenziellen Wert ist. Menschen sind oft am *schlimmsten*, wenn sie gezwungen werden, eine rudimentäre kognitive Aufgabe auszuführen, während sie wissen, dass das Produkt ihrer Arbeit absolut niemandem nützt.

Vor ein paar Jahren hatte ich die Gelegenheit, die Tiefen dieses mentalen Abgrunds zu erleben, als ich dachte, es würde Spaß machen, Blackjack spielen zu lernen. Jeder, der den Film ‚Rainman' von 1988 oder den Film ‚The Hangover' von 2009 gesehen hat, weiß, dass Blackjack eigentlich ein gewinnbares Spiel ist. Der Spieler muss nur bereit sein, sich selbst ein paar schnelle mentale Berechnungen beizubringen, während die Karten vor ihm ausgeteilt werden.

Für die meisten Spieler ist das Kartenzählen nichts weiter als ein Hobby. Aber um ernsthaft Geld zu verdienen, müssen professionelle Kartenzähler hunderte von Stunden an verrauchten Casino-Tischen sitzen, mentale Zahlengymnastik durchführen und hoffen, einen hohen Stapel Plastikchips anzuhäufen, bevor der Casino-Betreiber zu misstrauisch wird. Für einige Kartenzähler ist die Bezahlung anständig – manchmal wird von etwa 80 000 Euro pro Jahr berichtet. Und doch, trotz dieses beneidenswerten Gehalts, halten die meisten Kartenzähler nicht sehr lange durch.

Warum?

Der Schriftsteller und professionelle Blackjack-Spieler Arnold Snyder hat diese Frage im letzten Kapitel seines Buches ‚A Blackbelt in Blackjack' unverblümt beantwortet. Hier meint Snyder:

„[Wenn du es schaffen solltest,] ein professioneller Spieler zu werden, gibt es ein letztes Problem, dem du dich stellen musst. Du musst lernen, mit der existenziellen Angst umzugehen, ein austauschbares Rädchen in einer Maschine zu sein, die nichts produziert. Menschen... haben diese gewichtige Fixierung darauf, etwas Wichtiges zu tun, etwas Wertvolles zu produzieren, [und] einen Unterschied [in] der Welt zu machen... [Aber]...

professionelle Spieler verzichten auf dieses menschliche Bedürfnis... Kartenzähler schöpfen einfach Geld aus einem sinnlosen Cashflow-System ab. Sie produzieren nichts, erbringen keine Leistung, unterhalten niemanden und sind (im wahrsten Sinne des Wortes) finanzielle Parasiten für eine Industrie...”

Der obige Absatz ist eine ehrliche Erinnerung an die Eigenheiten der menschlichen Psychologie und Motivation. Und, er ist besonders aufschlussreich, wenn wir bedenken, dass er von einem Mann geschrieben wurde, der großen Erfolg im Blackjack hatte. Doch während er sein Vermögen anhäufte, stolperte er über einige bittere Wahrheiten:

- Der Mensch hält sich in der Tat gerne für ‚wichtig’
- Wir sehen unsere Arbeit gerne als ‚wertvoll’ an
- Wir mögen es nicht, uns als bloße ‚Rädchen in einer Maschine, das Geld aus einem bedeutungslosen Cashflow-System abschöpft’ zu sehen.

Wie David Graeber sagen würde, haben professionelle Kartenzähler einen ‚Bullshit-Job’. Oder, wie ich es ausdrücken würde, professionelle Kartenzähler haben ein ‚falsch ausgerichtetes Ikigai’.

Die menschliche Motivation ist eine bizarre Sache. Andere Säugetiere scheinen zufrieden zu sein, wenn ihre Urtriebe befriedigt sind. Aber wir Menschen sind auf der Suche nach etwas mehr.

Abbildung 4 – Der Mensch ist mit der einzigartigen Fähigkeit gesegnet (oder verflucht), den Nutzen seiner eigenen Existenz zu hinterfragen.

Der Verhaltensökonom Dan Ariely ist berühmt für die Durchführung von Wirtschaftsexperimenten, die kuriose menschliche Neigungen aufdecken. Wenn den Probanden eine höhere Belohnung für ein höheres Maß an produktiver Leistung angeboten wird, passiert etwas Seltsames: Eine Erhöhung der Bezahlung führt nicht immer zu einer Steigerung der Arbeitsleistung. Bei der Beschreibung dieses Phänomens schrieb Daniel Pink (Autor von ‚Drive: Was uns wirklich motiviert'; im Original: ‚Drive: The Surprising Truth About What Motivates Us'):

„Wenn die Aufgabe des Probanden nur mechanische Fertigkeiten erforderte, [dann] funktionierten monetäre Boni so, wie man es erwarten würde – je höher die Bezahlung, desto besser die Leistung... Aber sobald die Aufgabe auch nur ‚rudimentäre kognitive Fähigkeiten' erforderte, [dann] führte eine größere Belohnung zu schlechterer Leistung. Nun, das ist seltsam. Eine größere Belohnung führte zu einer schlechteren Leistung? Wie kann das sein?"

Nimm dir einen Moment Zeit, um darüber nachzudenken, wie bizarr dieser Befund ist. Wenn die Aufgabe konzeptionelles Denken, kreative Anstrengung und ein gewisses Maß an kognitiven Fähigkeiten erfordert, dann kann sich *eine Erhöhung* der finanziellen Belohnung tatsächlich negativ auf die Arbeitsleistung auswirken.

Warum dieses Phänomen auftritt, ist immer noch ein Rätsel. Aber es scheint, dass finanzielle Anreize gegenüber anderen motivierenden Faktoren wie Autonomie, Beherrschung und Zielsetzung zweitrangig sind.

- **Autonomie** beschreibt unseren Wunsch, ein selbstbestimmtes Leben zu führen – die Freiheit zu haben, Entscheidungen für unsere täglichen Aktivitäten zu treffen.
- **Meisterhaftigkeit** beschreibt unseren inneren Drang, ein Experte in einer bestimmten Fähigkeit zu werden.
- **Zweck** beschreibt unseren Wunsch, uns an Aktivitäten zu beteiligen, die nützlich und sinnvoll sind – für uns selbst, für unsere Familie und für unsere Gemeinschaft.

Diese Bestandteile bilden einen intrinsischen Motivationscocktail – den Trank, den wir brauchen, um die Prokrastination zu besiegen und die kindlichen Bitten des limbischen Systems zum Schweigen zu bringen. Wenn du einmal aus diesem Becher getrunken hast, wirst du vielleicht überrascht sein, wie viel Kraft du zu manifestieren in der Lage bist. Ein wütender Chef oder ein näher rückender Abgabetermin sind nicht nötig, um dich zum Handeln anzuspornen. Stattdessen wirst du die Arbeit wirklich machen wollen. Nichts wird das Zahnrad der Motivation stärker mahlen lassen als der Glaube, dass die Früchte deiner Arbeit einen echten, dauerhaften und wichtigen Wert haben – für dich selbst oder andere. Wie der ungarisch-amerikanische Psychologe und Autor von ‚Flow: Das Geheimnis des Glücks' (im Original: ‚Flow: The Psychology of Optimal Experience') Mihaly Csikszentmihalyi schrieb:

„… Wenn wir frei handeln, um der Handlung selbst willen (und nicht mit Hintergedanken), lernen wir, mehr zu werden als das, was wir waren."

Bedeutung und Leidenschaft

Wenn du zu den Glücklichen unter uns gehörst, denen es eines Tages gelingt, ihr perfektes Ikigai zu finden, dann herzlichen Glückwunsch! Lass dich jedoch nicht entmutigen, wenn du am Ende feststellen solltest, dass sich deine Welt nicht sofort in ein Paradies auf Erden verwandelt hat. Du wirst trotzdem gute und schlechte

Tage haben. Es wird immer noch Tage geben, an denen du lieber nicht ins Büro gehen möchtest. Jede weitere Stufe auf der Treppe der Meisterhaftigkeit kann genauso zermürbend sein wie die vorhergehende Stufe. Und je mehr Stufen du erklimmen solltest, desto mehr Arbeit musst du in den Aufstieg investieren. Die Früchte deines Ikigai reifen vielleicht erst nach Jahren intensiver Hingabe und täglicher Anstrengung. Die Meisterhaftigkeit kommt in der Regel erst, nachdem wir durch die Schmerzen des Erlernens unseres Handwerks gelitten haben. Wie Mark Z. Danielewski schrieb:

„Leidenschaft hat wenig mit Euphorie und ganz viel mit Geduld zu tun. Es geht nicht darum, sich gut zu fühlen. Es geht um Ausdauer. Das Wort Leidenschaft wird nicht umsonst in Anlehnung an das Lateinische ‚Passion' genannt und hat in dieser Form die gleiche Wurzel wie das lateinische Wort für Geduld (*patientia*): ‚pati'. Es bedeutet nicht ‚in Euphorie arbeiten'. Es bedeutet ‚zu leiden'."

Hast du schon einmal jemanden mit einer Mission getroffen?

Jemanden, der einen Zweck verfolgte?

Jemanden, der einer wichtigen Aufgabe nachging?

Du wirst dann vielleicht feststellen, dass diese Menschen schnell die vielen Herausforderungen nennen können, denen sie auf ihrem Weg begegnet sind. Wenn du sie fragst, ob sie ‚ihren Job mögen', werden sie ihn vielleicht eher als ‚erfüllend' beschreiben und nicht als ‚Spaß'.

Wie die amerikanische Dichterin Dorothy Parker sagte:

„Ich hasse das Schreiben, [aber] ich liebe es, geschrieben zu haben."

Innovative Menschen haben oft eine Hassliebe zu ihrer Karriere. Vielleicht ‚lieben' sie ihren Job tatsächlich. Aber kreative Leistung und Erfindungsreichtum erfordern lange Stunden intensiver Arbeit:

- Lange Arbeitszeiten in einem Büro
- oder in einem Labor
- oder an einer Schreibmaschine
- oder an einer Kreidetafel
- oder an einer Staffelei
- oder an einem Zeichentisch
- oder vor einem Computerbildschirm.

Dein Ikigai zu finden, bedeutet oft, gleichzeitig die Quelle deiner größten Inspiration und die Arena zu entdecken, in der du deine härtesten Kämpfe austragen wirst. Hier kommt die *Leidenschaft* des Prozesses ins Spiel. Die wertvollsten Ikigais sind keine bloßen Hobbys, sie sind Aufgaben. Aufgaben, die einer lebenslangen Hingabe würdig sind.

Wie Steven Pressfield in seinem Buch ‚Der Krieg der Kunst' *(The War of Art)* schrieb:

„Für den Amateur ist das Spiel sein Nebenberuf. Für den Profi ist es seine Berufung. Der Amateur ist ein Wochenend-Krieger. Der Profi ist sieben Tage in der Woche da."

Selbst die begabtesten Handwerker, Forscher, Ärzte, Sportler, Ingenieure und Techniker sind immer noch anfällig für den Reiz der Trägheit. Aber ihr Ikigai ermöglicht es ihnen, jeden Morgen mit der Sonne aufzustehen und einen weiteren Arbeitstag durchzuarbeiten.

Vom Laster der Prokrastination können wir uns genauso wenig wirklich befreien, wie wir Gefühle wie Hunger, Lust oder Müdigkeit wegwünschen können. Hochproduktive Menschen müssen täglich gegen die basalen Begierden des Verstandes ankämpfen. Darum betitelte Steven Pressfield sein Buch als ‚der Krieg der Kunst' *(The War of Art)*. Denn produktives menschliches Bemühen ist kein ‚Sonntagsspaziergang'.

Es ist ein Krieg!

Ein Krieg gegen dich selbst.

Jeder Morgen ist ein neuer Kampf, in dem der Sieg nur durch geübte Disziplin und stundenlanges Engagement für eine gerechte Sache errungen werden kann.

- Was ist also deine gute Sache?
- Was ist dein ‚Grund, morgens das Bett zu verlassen'?
- Was ist dein Ikigai?

In der griechischen Mythologie schwammen die Sirenen in den Gewässern, auf denen Odysseus segelte – und warteten auf die Gelegenheit, die Seeleute mit ihrer betörenden Musik von den Schiffen zu locken. Im gleichen Sinne werden deine Emotionen (Zweifel, Müdigkeit, Langeweile, Verzweiflung, Lustlosigkeit und Angst) immer in deiner Nähe lauern und auf eine Gelegenheit warten, dich davon zu überzeugen, deine Ziele aufzugeben.

- Aus diesem Grund musst du dich einer bedeutungsvollen Sache widmen.
- Aus diesem Grund musst du mit einem Ziel segeln.
- Aus diesem Grund musst du ein Ikigai suchen, das wahr und rechtschaffen ist.

Denn wenn dein Streben rechtschaffen ist, dann wird dein Geist die erforderliche Zähigkeit aufbringen, um die vielen Gefahren des Lebens zu umschiffen, und die erforderliche Entschlossenheit, um den verführerischen Liedern der Sirenen zu widerstehen.

Kapitel 5: Einführung in Kaizen

Wenn Menschen ein neues Ziel verfolgen, beginnen sie oft damit, dass sie sich einem einzigen kolossalen Ziel verschreiben, wie:

- „Ich will bis Silvester 40 kg abnehmen"
- Oder: „Ich will Millionär werden!"

Sie verpflichten sich dann zu einem Programm, das eine gigantische Anstrengung erfordern würde, um es zu erreichen. Da die meisten von uns nicht die Kraft und Willensstärke eines Herkules haben, schaffen es die meisten von uns nicht, solche Verpflichtungen so lange wie nötig einzuhalten. Wir halten meist nur ein paar Tage durch, bevor wir aufhören (manchmal nur ein paar Stunden).

- Warum also passiert das?
- Warum können wir uns nicht an den Plan halten, selbst wenn wir davon überzeugt sind, dass dies in unserem besten Interesse wäre?
- Warum scheitern wir so oft?

Das bloße Aussprechen eines Versprechens, ein Ziel zu erreichen, ist der einfachste Teil des Zielerreichungsprozesses. Es erfordert nicht viel Anstrengung, sich einem zukünftigen Ziel zu widmen, wenn wir unser Engagement von einem Ort der Bequemlichkeit aus zusagen. Aber wenn der Prozess in Gang kommt (wenn sich Müdigkeit, Hunger, Langeweile und Angst einschleichen und unsere neurophysiologischen Prozesse verändern), dann lässt unsere Hartnäckigkeit nach, und die Aufgabe beginnt, ihren Reiz zu verlieren.

- Plötzlich beginnt das Biologie-Lehrbuch wie das Rätsel der Sphinx auszusehen.
- Das Laufband in der Ecke beginnt wie ein Folterinstrument auszusehen.
- Der übrig gebliebene Teig im Kühlschrank beginnt, wie eine Delikatesse auszusehen.
- Und die Weinkiste in der Garage beginnt, wie eine Oase auszusehen.

Leider gelingt es selbst den wahrhaftig Erleuchteten unter uns oft nicht, ein signifikantes Maß an Willenskraft über längere Zeit hinweg aufrechtzuerhalten. Die vielen kleinen Störfallen des Lebens nagen an unserer Bereitschaft, den Kurs zu halten. Die meisten neuen Ziele werden bald nach ihrer Setzung wieder aufgegeben. Laut einer Studie von Richard Wiseman von der University of Bristol aus dem Jahr 2007 scheitern 88 % der Neujahrsvorsätze innerhalb weniger Monate nach der Party auf beeindruckende Weise.

Mit Kaizen ist das nun anders. Die Haltung beim Setzen der Ziele ändert sich – der Geist des Praktizierenden wird auf eine Reihe von Zielen fokussiert, die leichter zu erreichen sind, und er wird dann aufgefordert, seine Leistung täglich zu erweitern.

Um die Bedeutung des Begriffs besser zu verstehen, bedenke, dass er sich aus zwei japanischen Wörtern zusammensetzt: aus ‚Kai' und ‚Zen'. Das erste Wort ‚Kai' kann als ‚Veränderung' interpretiert werden und ‚Zen' bedeutet ‚gut' oder

‚verbessern'. Eine direkte Übersetzung von ‚Kaizen' könnte also ‚Veränderung zum Guten', ‚Veränderung zum Besseren' oder einfach ‚Verbesserung' sein.

In einem Satz könnte man die Methodik so definieren:

Kaizen ist eine Technik zur Zielerreichung, die eine kontinuierliche Verbesserung durch täglichen, schrittweisen Fortschritt fördert.

Um dieses Konzept gründlich zu verstehen, ist es am besten, wenn wir am Anfang beginnen.

Eine kurze Geschichte von Kaizen

Obwohl die Kaizen-Prinzipien traditionell mit japanischen Produktionssystemen in Verbindung gebracht werden, haben sie ihren Ursprung teilweise in den USA. Während des Zweiten Weltkriegs hatten die amerikanischen Unternehmen weder die Zeit, radikale Fertigungsideen zu entwickeln und zu testen, noch die Ressourcen, um bestehende Fabrikprozesse umzurüsten. Stattdessen versuchten sie, die Leistung und Effizienz durch kleine Änderungen an bestehenden Systemen zu verbessern. Im Idealfall werden diese Änderungen an nur einem Tag implementiert – und erfordern somit nur minimale Ausfallzeiten in der Fabrik. Solche Methoden der ‚kontinuierlichen Verbesserung' erwiesen sich als erfolgreich und der Prozess wurde schließlich formalisiert und mit anderen Management-Lehrplänen in einen Kurs mit dem Titel ‚Training Within Industry' (TWI), also ‚Weiterentwicklung innerhalb der Industrie', gepackt.

Nach dem Zweiten Weltkrieg forderte der Marshallplan 2,4 Milliarden Dollar für den Wiederaufbau der japanischen Industrie. Amerikanische Besatzungstruppen brachten Berater in japanische Fabriken, um die verwundete japanische Fertigungswirtschaft wiederzubeleben. Im Jahr 1951 wurde ein Schulungsfilm mit dem Titel ‚Kaizen eno Yon Dankai' oder (auf Deutsch) ‚Verbesserung in vier Schritten' produziert. Dies sollte zum ersten Beispiel für Kaizen-Pädagogik werden, das jemals veröffentlicht wurde.

In den Jahren nach dem Zweiten Weltkrieg wurde die Kaizen-Methode dank der Arbeit von japanischen und amerikanischen Managern weiterentwickelt – drei davon seien hier beispielhaft genannt:

- Der in Iowa geborene Statistiker **Dr. William Edwards Deming** unternahm während des Wiederaufbaus viele Dienstreisen nach Japan und war so einflussreich bei der Umgestaltung der japanischen Industrie, dass er 1960 von Kaiser Hirohito mit dem *Orden des Heiligen Schatzes der 2. Klasse* ausgezeichnet wurde (wir werden in diesem Buch noch oft auf Demings Arbeit Bezug nehmen).
- Der Unternehmensberater **Masaaki Imai** veröffentlichte ein Management-Ratgeberbuch mit dem Titel ‚Kaizen. Der Schlüssel zum Erfolg der Japaner im Wettbewerb'. Er gründete auch die Kaizen Institute Consulting Group (KICG) mit dem Ziel, Kaizen-Techniken in westlichen Unternehmen einzuführen.
- **Dr. Jeffrey Liker** (emeritierter Professor für industrielle und betriebliche Ingenieurswissenschaft an der University of Michigan) brachte Kaizen in die allgemeine Öffentlichkeit, als er sein Buch über ‚ideale Fertigungstechnik' mit dem Titel ‚Der Toyota-Weg' (im englischen Original: *The Toyota Way*) veröffentlichte. Das Buch stellt viele Kaizen-bezogene Prinzipien vor und beschreibt die Philosophie und die Werte, die den Modus Operandi der Toyota Motor Corporation leiten.

Angesichts des überragenden Erfolgs der japanischen Industrie in den Jahren nach dem Zweiten Weltkrieg ist es leicht zu verstehen, warum der Funken Kaizen-Philosophie so schnell von der Fabrikhalle in das persönliche Leben der Arbeiter, die sie anwendeten, übergesprungen ist. In jüngster Zeit hat sich Kaizen in der ganzen Welt verbreitet – mit Begeisterung wird es sowohl im Geschäftsleben als auch bei der Selbstentwicklung eingesetzt.

Glücklicherweise erfordern Kaizen-Konzepte nicht notwendigerweise, dass der Praktizierende die industrielle Strenge einer Fabrik-produktionslinie übernimmt. Alle Techniken sind flexibel einsetzbar – sie lassen sich sogar auf häusliche Tätigkeiten anwenden.

Wie also können wir Kaizen erlernen?

Da sich die Entwicklung von Kaizen über mehrere Jahrzehnte, Länder und Generationen erstreckt, gibt es nicht eine einzig wahre Quelle für diese Philosophie. Wenn ein Unternehmen Kaizen-Techniken einführt, ändert es außerdem unweigerlich das Schema, um es seinen eigenen Bedürfnissen anzupassen. Das Kaizen des einen wird sich also von dem des anderen unterscheiden.

Aus diesem Grund habe ich versucht, die Methodik in sechs Grundprinzipien zusammenzufassen, die eine solide Grundlage bilden sollen, auf der du deinen eigenen Kaizen-Stil entwickeln kannst.

Die 6 Prinzipien des Kaizen

Kaizen-Prinzip 1: Beginne sofort, auf dein Ziel hinzuarbeiten, auch wenn deine erste Handlung lächerlich klein sein könnte.

Beim Kaizen besteht unser erster Schritt darin, die vor uns liegende Herausforderung in kleinste Teile zu zerlegen. Wir tun dies, indem wir uns eine Frage stellen:

Welchen kleinen Schritt könnte ich heute tun, der meine Situation (langfristig) verbessern könnte?

Diese anfängliche Abfrage ist grundlegend für Kaizen, und wir werden im Laufe dieses Buches noch oft darauf zurückkommen. Wir verfolgen dabei ein zweiseitiges Ziel:

- **Zunächst** wollen wir unser Ziel in seine kleinsten Bestandteile zerlegen – und so die Herausforderungen identifizieren, die sich am einfachsten bewältigen lassen und nehmen uns diese vor.
- **Zweitens**: Indem wir die kleinsten Hürden zuerst überwinden, hoffen wir, ein psychologisches Momentum aufzubauen. Dein limbisches System muss glauben, dass es in der Lage ist, ein kleineres Ziel zu erreichen, bevor es deinem bewussten Verstand erlaubt, sich mit höheren Zielen zu beschäftigen.

Ein anfängliches Kaizen-Ziel könnte so winzig und unbedeutend sein, dass sein erfolgreicher Abschluss als ‚lächerlich' angesehen werden könnte. Das ist in Ordnung. Mit Kaizen verstehen wir, dass selbst eine winzige Handlung besser sein kann als gar keine Handlung. Zum Beispiel:

- Anstatt dich dafür zu entscheiden, heute gar keine Arbeit zu erledigen, könntest du zumindest einen kleinen Absatz eines Romans schreiben.
- Anstatt auf den Müllhaufen in deiner Garage zu starren, könntest du versuchen, zumindest fünf Minuten mit dem Aufräumen eines kleinen Bereichs zu verbringen.
- Anstatt den Sport heute ausfallen zu lassen, könntest du eine Minute auf dem Laufband laufen.

Bei einem Blick auf unsere Liste mag es schwierig sein zu erkennen, wie solche winzigen Aktionen überhaupt etwas bewirken können. Und das werden sie zunächst auch nicht. Aber wir versuchen nicht, all deine Lebensziele an einem Tag zu erreichen. Das ist unmöglich. Stattdessen ist unser erstes Ziel lediglich, dass du die Hürde des ‚Anfangens' überwindest. Wie Robert Maurer (UCLA-Professor für Verhaltenswissenschaften und Autor von ‚Kleine Schritte, die Ihr Leben verändern') schrieb:

„Dein Gehirn ist darauf programmiert, sich gegen Veränderungen zu wehren. Aber indem du kleine Schritte machst, verdrahtest du dein Nervensystem effektiv neu, sodass es Folgendes tut: Es ‚befreit' dich von einer kreativen Blockade, umgeht den klassischen Kampf/Flucht-Mechanismus, [und] schafft neue Verbindungen zwischen Neuronen, sodass das Gehirn begeistert den Prozess der Veränderung annimmt..."

Indem wir uns auf diese Strategie der kleinen Schritte berufen, hoffen wir, ‚überschaubare Siege' zu erringen – was wiederum dem Verstand deutlich macht, dass unsere Bemühungen Früchte tragen.

Aus diesem Grund ist der klinische Psychologe Jordan Peterson aus Kanada berühmt dafür geworden, dass er selbstbezogenen Studierenden bei der Lösung ihrer Lebensprobleme hilft, indem er ihnen rät: „Räum erst einmal dein Zimmer auf!" 2017 trafen diese einfachen Worte den Nerv vieler – zumindest von genügend Leuten, um ein Internet-Meme entstehen zu lassen. Petersons Absicht war es, die prokrastinierenden Studierenden zu ermutigen, *irgendetwas* zu tun – auch wenn dieses Etwas unbedeutend klein erscheint. Solche Mikroziele (die typisch für anfängliche Kaizen-Ziele sind) helfen dabei, die Herausforderung angemessen zu gestalten – und veranlassen den Praktiker, sich für Aktion, statt Stagnation zu entscheiden.

Dieser erste Schritt erfordert etwas Disziplin, aber nicht so viel, wie du vielleicht denkst. Mit Kaizen hoffen wir, die Beharrlichkeit aufzubringen, *kleine Handlungen* in der Gegenwart mit der finalen Ausrichtung auszuführen, in der Zukunft *große Gewinne* zu erzielen. Für das limbische System lässt das erfolgreiche Erreichen eines kleinen Ziels das nächste Ziel umso machbarer erscheinen. Die Summe dieser winzigen täglichen Siege kann zu großen Veränderungen im Leben führen.

Abbildung 5 – Stephen Morris, Professor an der University of Toronto, wirft einen 50 kg schweren Dominostein mit einer Reihe von immer leichteren Dominosteinen um – der erste ist kleiner als ein Tic Tac.

‚Sturz ins Leere'

Der schwer fassbare Nutzen dieser Philosophie wurde 1988 in dem Roman ‚Sturz ins Leere' (im Original: ‚Touching the Void') des englischen Bergsteigers Joe Simpson sehr schön veranschaulicht. Beim Klettern in Siula Grande in den peruanischen Anden verlor Simpson auf tragische Weise seinen Kletterpartner und verletzte sich schwer am Bein. Von starken Schmerzen geplagt und von einem blendenden Schneesturm bedrängt, konnte Simpson kaum mehr tun, als vorsichtig über das gefährliche Terrain zu humpeln. Das Bemühen, sich selbst zu motivieren, schilderte er fogendermaßen:

„... mir kam der Gedanke, dass ich mir konkrete Ziele setzen sollte. Ich fing an, mir die Dinge anzuschauen und zu sagen: *Wenn ich in 20 Minuten zu dieser Gletscherspalte dort drüben gelangen kann, dann werde ich das tun...* **Wenn ich es in 18 Minuten schaffte, war ich außerordentlich glücklich. Und wenn ich in 22 Minuten dort ankam, kamen mir die Tränen vor Ärger. Es wurde fast zu einer Besessenheit. Ich würde mir [einen anderen] Felsen ansehen und [sagen]:** *Gut, ich bin in 20 Minuten da.* **Als ich mich entschied, diese Strecke in 20 Minuten zu laufen, wollte ich es verdammt noch mal tun. [Diese Technik] hat mir geholfen, denn nach der Hälfte der Strecke hatte ich [so starke Schmerzen, dass] ich den Gedanken, aufzustehen und wieder auf [mein Bein] zu fallen, nicht ertragen konnte. Aber ich schaute auf die Zeit und dachte:** *Da muss ich hin.***”**

Mit dem Versprechen, tausend kleine Ziele zu erreichen, schleppte sich Joe Simpson die Westwand des Siula Grande hinunter zum Basislager. Jeder Meter der Reise führte über scharfe Felsen, Klippen und Schotter. Er legte die gesamte Strecke mit einem gebrochenen Bein zurück und kämpfte gegen Erfrierungen und Dehydrierung an. Er überlebte und kam am Abend vor dem Aufbruch seines Freundes Simon Yates im Basislager an.

Die meisten Menschen hätten angesichts einer solchen Situation die Hoffnung aufgegeben. Aber Simpson brach die immense Herausforderung in tausend kleine Ziele herunter – jedes mit einem Zeithorizont von etwa zwanzig Minuten. Während er diese Mini-Termine absolvierte, konzentrierte er sich auf die unmittelbare Aufgabe – und nicht auf die enorme, unmögliche Herausforderung, die vor ihm lag.

Der Erfolg von Simpsons Strategie ist ein Beispiel für die Kraft von Kaizen.

- Mit Kaizen identifizieren wir das Problem, zerlegen es in kleine, erreichbare Ziele und setzen einen Fuß vor den anderen – wir schreiten stetig voran, um unser Hauptziel zu erreichen.

- Mit Kaizen verbringen wir nicht zu viel Zeit damit, uns Gedanken über die Größe der vor uns liegenden Herausforderung zu machen. Stattdessen ist der nächste Schritt selbst die einzige Herausforderung, mit der wir uns beschäftigen.

Natürlich gibt es eine Zeit und einen Ort für langfristige Planungsübungen. Aber wenn wir in Ehrfurcht vor hochgesteckten Zielen sitzen, dann können wir blind werden für die unmittelbaren Handlungen, die im Hier und Jetzt ausgeführt werden könnten. Kaizen-Praktizierende sollten den langfristigen Planungsapparat des Verstandes vorübergehend beiseitezulegen und sich stattdessen auf erreichbare Ziele konzentrieren, die genau jetzt erreicht werden können. Wenn du erst einmal gelernt hast, deinen Geist auf die anstehende Aufgabe zu fokussieren, dann sieht die Aufgabe, die vor dir liegt, vielleicht nicht mehr so herausfordernd aus.

Wie Lao Tzu schrieb:

„Eine Reise von tausend Meilen beginnt mit einem einzigen Schritt."

Kaizen-Prinzip 2: Verwende einen ‚Kontinuierlichen Verbesserungsprozess' (KVP)

Erinnere dich daran, dass Kaizen ursprünglich entwickelt wurde, um den Arbeitern zu helfen, Probleme zu beheben und die Effizienz in der Fabrikhalle zu verbessern. Um diesen Prozess zu formalisieren, benutzten sie oft einen ‚Demingkreis' – einen sich wiederholenden Prozess der Problemlösung, der von dem amerikanischen Statistiker Walter Shewhart entwickelt und von Shewharts Schützling William Edwards Deming popularisiert wurde. Heutzutage hat die Methode mehrere Namen und existiert in vielen Formen, die abhängig von den Eigenheiten der Branche, in der sie eingesetzt wird, leicht voneinander variieren. Für unsere Zwecke hier werden wir die ‚OPDCA'-Version verwenden, die den Praktizierenden auffordert, einen kontinuierlichen fünfstufigen Prozess zu verwenden, in dem er Folgendes tun soll: beobachten (*observe*), planen (*plan*), tun (*do*), prüfen (*check*) und anpassen (*adjust*).

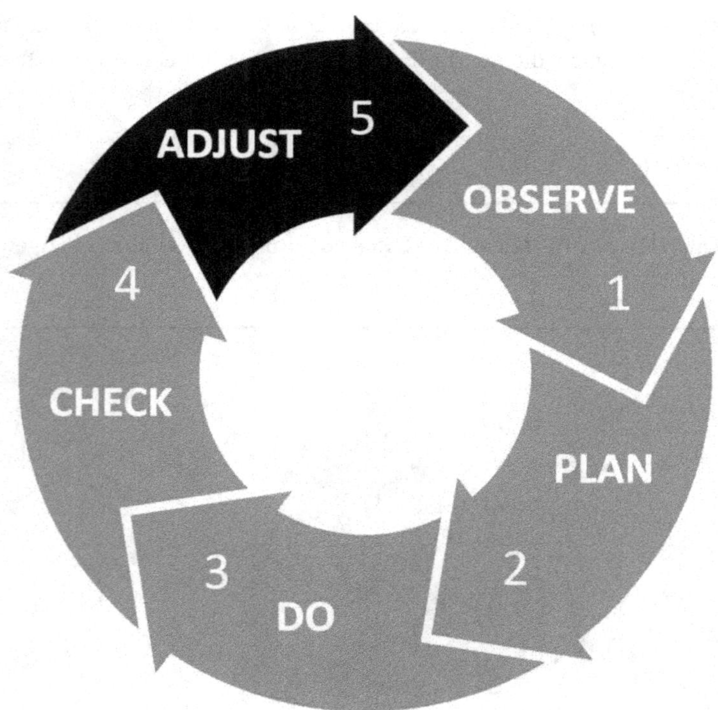

Abbildung 6 – Der OPDCA-Zyklus (auch ‚Shewhart-Zyklus' oder ‚Demingkreis' genannt) veranlasst den Praktizierenden, Probleme in einem kontinuierlichen, sich wiederholenden Prozess zu lösen.

Wir werden jetzt jeden Buchstaben des Akronyms besprechen.

Schritt 1: Beobachten (*observe*)

Wann immer wir einer herausfordernden Situation begegnen, besteht unsere allererste Aufgabe im OPDCA-Prozess darin, einfach ‚zu beobachten'. In der Fabrik wurden die Ingenieure und Fließbandarbeiter gebeten, alle Problembereiche in ihrem Arbeitsablauf zu identifizieren und zu notieren. Natürlich musst du keine Fabrik besitzen, um Probleme zu finden, die im Leben angegangen werden müssen. Vielleicht ist dein Problem die Gewichtsreduktion, das Zuspätkommen oder die Finanzplanung. So oder so, die OPDCA-Methode kann helfen.

Die bloße Beobachtung von Ursache und Wirkung eines Problems kann schwieriger sein, als es klingt. Betrachte diese Passage aus Arthur Conan Doyles Sherlock-Holmes-Kurzgeschichte ‚Ein Skandal in Böhmen' (im Original: ‚A Scandal in Bohemia'):

‚‚Wenn ich höre, wie Sie Ihre Überlegungen darlegen', bemerkte [Watson], ‚erscheint mir die Sache immer so lächerlich einfach, dass ich es leicht selbst tun könnte, obwohl ich jedes Mal von Ihren Gedanken verwirrt bin, bis Sie Ihren Prozess erklären. Und doch glaube ich, dass meine Augen so gut sind wie die Ihren.'

‚Ganz recht', antwortete [Holmes]... ‚Sie sehen, aber Sie beobachten nicht.'"

Die Protokollierung deiner schädlichen Verhaltensweisen (das Notieren deiner eigenen Unzulänglichkeiten) erfordert ein Maß an ehrlicher Kritik, sodass viele nicht bereit sind, sich darauf einzulassen, oder vielleicht nicht die Fähigkeit haben, diese zu erkennen. Genauso wie Watson sich der überlegenen Beobachtungsgabe von Holmes beugen musste, müssen auch wir offen sein für die Kritik anderer – vor allem derer, die unser Bestes im Sinn haben.

Schritt 2: Planen (*plan*)

Die Planungsphase des OPDCA-Zyklus fordert uns auf, einen Prozess zur Verbesserung unserer Situation zu entwickeln. Natürlich können wir nie sicher sein, dass die Strategie, die wir gerade angehen wollen, zu Ergebnissen führt, die besser sind als unsere aktuelle Vorgehensweise. Das ist in Ordnung. Erinnere dich daran, dass Kaizen ursprünglich entwickelt wurde, um Fabrikarbeitern angesichts der begrenzten Ressourcen der Vorkriegswirtschaft die Möglichkeit zu geben, kleine Verbesserungen an einem Prozess vorzunehmen. Vorgeschlagene Änderungen wurden so klein gehalten, dass das Scheitern eines Versuchs für das Unternehmen nicht so kostspielig werden würde. Wenn unser Plan nicht aufgeht, müssen wir uns nicht auf eine Tragödie einstellen. Stattdessen ist ein gescheiterter Plan nur eine Gelegenheit zu lernen, unsere Umstände neu zu bewerten und es erneut zu versuchen.

Schritt 3: Tun (*do*)

Die Tun-Phase ist die Phase, in der der OPDCA-Praktizierende den Plan ausführt. Ein wesentlicher Teil dieses Schritts ist das Sammeln von Daten, die (auf irgendeine Weise) sicher für die Auswertung in Schritt 4 protokolliert werden sollten. Deine Datenerfassung muss nicht in Form einer hochkomplexen statistischen Analyse jedes deiner Handlungsschritte erfolgen. Stattdessen kann es so einfach sein wie das Zählen von Kalorien, das Erfassen der Anzahl von Kunden, die du erfolgreich kontaktieren konntest, oder das Aufzeichnen der Anzahl von Stunden, die du mit dem Lernen für deine Prüfungen verbringst.

Schritt 4: Prüfen (*check*)

In diesem Schritt analysieren wir die Daten, die wir im vorherigen Schritt gesammelt haben. Hier wollen wir bewerten, inwieweit unser tatsächlicher Fortschritt von unserem erwarteten Ergebnis abweicht. Wenn du dir zum Beispiel in der vorigen Woche vorgenommen haben solltest, zwei Stunden am Tag zu lernen, es aber nur fünfzehn Minuten geschafft hast, dann wäre eine Diskrepanz dieser Größenordnung etwas, das man beachten sollte.

Schritt 5: Anpassen (*adjust*)

In der Anpassungsphase werden schließlich die in den vorherigen Schritten gesammelten Beobachtungen und Datenpunkte abschließend analysiert. Wenn das gewünschte Ergebnis nicht dem erwarteten Ergebnis entspricht, wird eine Hypothese formuliert, um die Grundursache des Problems zu ermitteln. Anschließend werden Änderungen vorgeschlagen, um das Problem zu verbessern oder um zu verhindern, dass die unerwünschte Situation erneut auftritt. Sobald die Änderungen implementiert sind, kehrt der Anwender zu Schritt 1 des OPDCA-Zyklus (zu der Beobachten-Phase) zurück, und der Verbesserungsprozess wiederholt sich immer und immer wieder. Deshalb sprechen wir von einem kontinuierlichen Verbesserungsprozess: Weil wir es immer besser machen können. Das Rad der Verbesserung hört nie auf, sich zu drehen.

Kaizen-Prinzip 3: Erfolg und Misserfolg richtig interpretieren

Wenn man sich die Schritte in unserem vorangegangenen OPDCA-Zyklus ansieht, fällt dem Leser vielleicht auf, dass der Prozess ähnlich aussieht wie andere bekannte Problemlösungstechniken. Vielleicht erinnerst du dich daran, wie du im naturwissenschaftlichen Unterricht in der Schule gesessen hast und deinem Lehrer zugehört hast, wie er die *wissenschaftliche Methode* erklärte:

1. Eine Frage stellen
2. Eine Hypothese bilden
3. Ein Experiment durchführen
4. Die Daten analysieren
5. Eine Schlussfolgerung machen

Diese Schritte sind vergleichbar mit denen der oben beschriebenen OPDCA-Methode. Und ähnliche Methoden lassen sich in der gesamten Menschheitsgeschichte finden. Du darfst natürlich gerne dein eigenes System des induktiven Denkens entwickeln und es an deine speziellen Bedürfnisse anpassen. Die Schritte, die du in deinen empirischen Prozess einbeziehst, sind für die Gestaltung des resultierenden Ergebnisses zweitrangig.

In einem traditionellen Zielsetzungsmodell markiert ein einziger Fehler oft den dramatischen Untergang der Bemühungen des Anwenders. Er könnte sich zum Beispiel vornehmen, nur 1800 Kalorien pro Tag zu sich zu nehmen, bis er sein Wunschgewicht erreicht hat. Aber nachdem er entdeckt hat, dass er am Freitagabend zu viele Kalorien gegessen hat, gibt er vielleicht verzweifelt auf und erklärt: „Ich habe versagt! Meine Diät ist vorbei!"

Natürlich interpretieren wir das Scheitern mit Kaizen *nicht* so. In unserer OPDCA-Checkliste gibt es keinen Punkt mit der Bezeichnung ‚Fehler'. Stattdessen verpflichten wir uns, den Prozess bis zum Ende durchzuhalten, unabhängig vom Ergebnis.

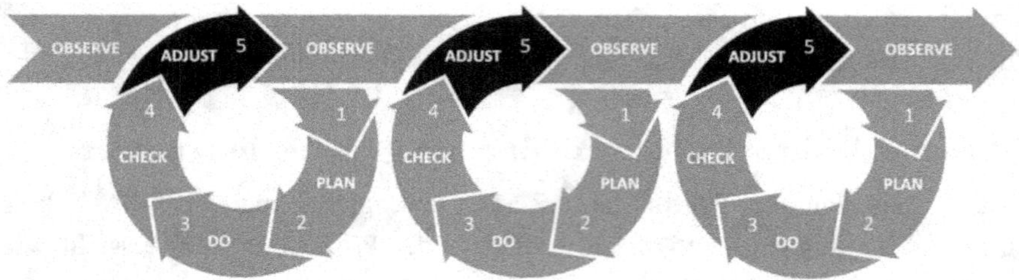

Abbildung 7 – Der OPDCA-Zyklus wiederholt sich ungeachtet des Ergebnisses unendlich oft.

Die Denkweise, die über diese Rahmung kultiviert wird, ist wesentlich für den Erfolg des Prozesses. Erinnere dich daran, wie Thomas Edison seine vielen gescheiterten Versuche bei der Erfindung der Glühbirne ins Rampenlicht brachte, indem er sagte:

„Ich habe nicht versagt. Ich habe lediglich 10 000 Möglichkeiten gefunden, die nicht funktionieren."

Das ist die Art von Einstellung, die wir als Kaizen-Anwender annehmen müssen. Ein Rückschlag ist kein Grund zum Aufgeben. Stattdessen ist es nur ein Punkt im Datensatz, der während unserer Anpassungsphase ausgewertet wird. Deine Fähigkeit, die vielen Herausforderungen des Lebens zu ertragen, hängt zu einem großen Teil von deiner Fähigkeit ab, sie richtig einzuordnen. Du musst lernen, Hindernisse als *Chancen zum Lernen* zu sehen und nicht als *Ausreden zum Aufgeben*.

Und so wie wir *Misserfolge* als Ansporn zum Weitermachen interpretieren sollten, müssen wir auch *Erfolge* in einem ähnlichen Licht sehen.

- In Kaizen gibt es so etwas wie ‚gut genug' nicht.
- Es ist uns nicht erlaubt, ‚in unseren Einstellungen zu verharren'.
- Der alte Spruch deiner Großmutter, „Wenn es nicht kaputt ist, repariere es nicht", steht im Spannungsverhältnis zu dieser Methode.

Stattdessen sind wir mit Kaizen darauf bedacht, die kleinen Ungereimtheiten unseres Lebens zu beheben, in welcher Form auch immer sie sich manifestieren. Auch wenn wir niemals Perfektion erreichen werden, so ist es doch von großem Wert, wenn wir kontinuierlich danach streben.

Das britische Institut für Qualitätssicherung definiert ‚kontinuierliche Verbesserung' als:

„... eine allmähliche, nie endende Veränderung, die... darauf ausgerichtet ist, die Effektivität [oder die] Effizienz einer Organisation zu erhöhen... Einfach ausgedrückt bedeutet es ‚immer besser werden'."

Wie die Unternehmen sehen sich auch die Menschen gerne als ‚immer besser werdend'. Mit Kaizen wollen wir natürlich genau das erreichen. Wir streben danach, besser zu werden. Wir streben nach einem unaufhörlichen Zustand des schrittweisen Fortschritts – wir verbessern ständig unsere Ziele in Bezug auf Gesundheit, Wohlstand und Beziehungen. Im Idealfall drehen sich unsere Räder des Fortschritts unaufhörlich – jeden Tag geht es steil bergauf mit der Selbstverbesserung.

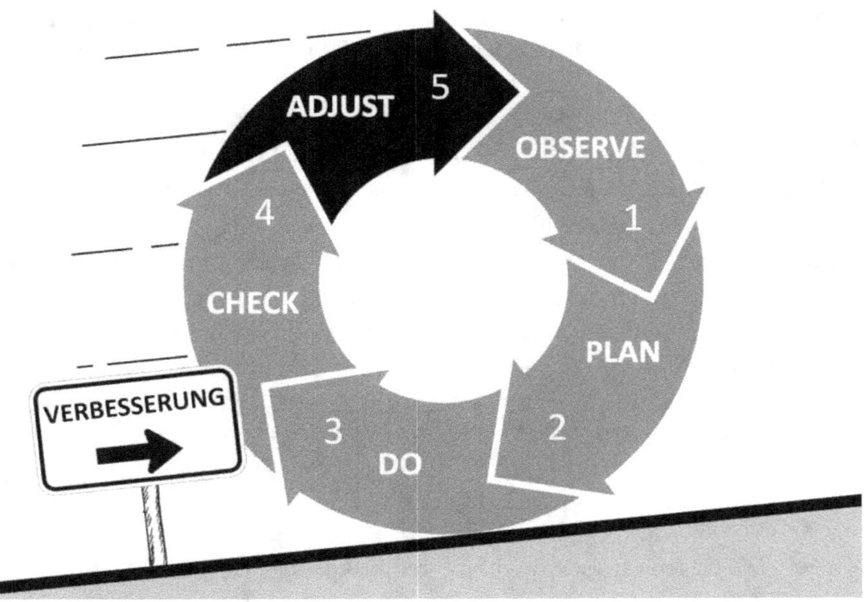

Abbildung 8 – Das Ziel des OPDCA-Zyklus ist es, uns dabei zu helfen, kontinuierlich Fortschritte zu machen, egal welches Ziel wir wählen.

Der Kaizen-Prozess hat uns nie versprochen, dass jede Aktion, die wir durchführen, erfolgreich sein wird. Im Gegenteil, die meisten Maßnahmen, die bei der Entwicklung eines komplizierten Prozesses ergriffen werden, werden wahrscheinlich zu einem Misserfolg führen. Aber erst, wenn wir uns verpflichten, ‚es weiter zu versuchen', gelangen wir zur Erkenntnis der Natur unserer Misere.

Abbildung 9 – Auf dem Weg zum Erfolg wirst du viele Gipfel und Täler überqueren. Aber trotz deiner derzeitigen Position musst du weitermachen.

Betrachte die vielen Gipfel und Täler, die den Weg des Erfolgs in unserem obigen Bild ausmachen. Achte auf die Vielfalt der Felsen. In einigen Breiten ist die Steigung allmählich und erfordert wenig Anstrengung. Aber manchmal werden unsere Räder des Fortschritts ins Stocken geraten. Zu einem bestimmten Zeitpunkt unserer Reise ist uns nicht immer klar, ob unsere aktuelle Position auf einem Gipfel oder in einem Tal liegt. Wir wissen nie, ob die Dinge schlechter oder besser werden. Wir wissen nicht, ob wir mit unseren Schwierigkeiten fertig sind oder ob sie gerade erst anfangen.

Leider ist dieses bittere Dilemma eine Folge der Begrenztheit der menschlichen Wahrnehmung.

- Wir können die Zukunft nicht vorhersagen.
- Die Gegenwart ist nur sehr schwer quantitativ zu erfassen.
- Und unsere Interpretation der Vergangenheit ist notorisch fehleranfällig.

Das Beste, was wir tun können, ist, uns dafür zu entscheiden, weiter voranzukommen. Wenn wir uns selbst versprechen, das Rad des Fortschritts immer am Laufen zu halten, dann ist jede unerwünschte Situation, in der wir uns befinden, notwendigerweise das Ergebnis von Umständen, die nur vorübergehend sind. Erst wenn wir uns dem Prozess der *kontinuierlichen Verbesserung* selbst verschreiben, wird die *kontinuierliche Verbesserung* das unvermeidliche Ergebnis unserer Anstrengungen sein.

Kaizen-Prinzip 4: Verwende die 5W-Methode, um die Ursache eines Problems zu identifizieren

Ursprünglich vom Gründer der Toyota Motor Corporation, Sakichi Toyoda (1867-1930), entwickelt, fordert die 5W-Methode den Anwender auf, eine Reihe von Fragen zu stellen, um einem Dilemma auf den Grund zu gehen.

Abbildung 10 – Sakichi Toyoda war ein japanischer Industrieller und Gründer des Toyoda-Konzerns. Sein Sohn, Kiichiro Toyoda, gründete später die Toyota Motor Corporation.

Nehmen wir zum Beispiel an, dass eine Studentin, die regelmäßig zu spät kommt, alle möglichen Gründe in Betracht zieht, die sie dazu veranlassen, den Unterricht zu versäumen. Ihre 5W-Sitzung könnte folgendermaßen aussehen:

„Mein Problem ist, dass ich immer zu spät zum Unterricht komme."

1. **Warum?** – Weil es zu lange dauerte, über den Uni-Campus zu laufen und pünktlich in meinem Seminarraum anzukommen.
2. **Warum?** – Weil ich den Bus verpasst habe.
3. **Warum?** – Weil ich nicht an der Bushaltestelle stand, als er kam.

4. **Warum?** – Weil ich mein Haus nicht früh genug verlassen habe, um es rechtzeitig zur Bushaltestelle zu schaffen.
5. **Warum?** – Weil ich zu lange im Bett geblieben bin und nicht genug Zeit hatte, mich anzuziehen und zu frühstücken.

Das Ziel dieser Methode ist es, zu einer endgültigen Antwort zu gelangen, die am ehesten die Ursache des Problems erkennen lässt. In unserem vorangegangenen Beispiel hatte der Grund, warum die Studentin zu spät zur Vorlesung kam, wenig mit der Größe ihres Uni-Campus oder der Unzuverlässigkeit des ÖPNV zu tun. Sie kam zu spät, weil sie zu lange im Bett geblieben war und nicht genug Zeit hatte, ihre Morgenroutine zu erledigen.

Wie wir in Kapitel 2 (Einführung in Hansei) besprochen haben, funktionieren nach innen gewandte Übungen – wie die 5W-Methode – am besten, wenn der Übende so ehrlich wie möglich zu sich selbst ist. Die Fähigkeit, Probleme im Leben mit einem objektiven Auge zu betrachten, ist sehr wertvoll und in vielen Bereichen sowohl anwendbar als auch nützlich, um genau die Knackpunkte ausfindig zu machen, die unsere Anstrengungen zur Zielerreichung behindern.

Kaizen-Prinzip 5: Handle jeden Tag, nicht bloß einmal die Woche

Im Jahr 2007 veröffentlichte der Tech-Blog *Lifehacker* einen Artikel von Brad Isaac, in dem dieser einen Trick zur Setzung von Zielen beschrieb, den ihm Jerry Seinfeld beigebracht hatte. Isaac besuchte eine Open-Mic-Nacht in einem Comedy-Club und hatte die Gelegenheit, Seinfeld zu fragen, ob er irgendwelche Tipps für einen jungen Comedian hätte. Die Begegnung schilderte er wie folgt:

„[Seinfeld] sagte, der Weg, ein besserer Comedian zu sein, sei es, bessere Witze zu machen. Und der Weg, bessere Witze zu machen, war, jeden Tag welche zu schreiben. Er meinte, ich solle mir einen großen Wandkalender besorgen, der [ein ganzes] Jahr auf einer Seite hat... Der nächste Schritt war, einen großen roten Filzstift zu besorgen. [Dann] darf ich für jeden Tag, an dem ich meine Schreibaufgabe erledige, ein großes rotes X über diesen Tag setzen. Nach nur wenigen Tagen würde ich eine Kette haben. Bleib einfach dran und die Kette wird jeden Tag länger werden. Es wird dir eine innere Befriedigung verschaffen, diese Kette anzusehen,

besonders wenn du schon ein paar Wochen erledigt hast. Deine einzige Aufgabe ist es, diese Kette *niemals* zu unterbrechen. *Niemals diese Kette brechen!"*

Dieser einfache Ratschlag ging kurz nach der Veröffentlichung des Lifehacker-Artikels viral. Es inspirierte sogar eine kleine Industrie von Seinfeld-inspirierten Kalendern und Tagesplanern.

Abbildung 11 – Ein ‚Seinfeld-Kalender' besteht aus allen 365 Tagen, die auf eine Seite gedruckt sind. Der Anwender verpflichtet sich, jeden Tag eine Aktivität durchzuführen. Ein rotes X kennzeichnet den erfolgreichen Abschluss der Aufgabe.

Seinfelds Trick beruht auf denselben psychologischen Kräften, die auch Kaizen so wirkungsvoll machen. Der Anwender soll sich selbst zu schrittweisen Veränderungen verpflichten – jeden Tag der Woche eine überschaubare Aufgabe ohne Unterbrechung auszuführen. Das erforderliche Maß an Durchhaltevermögen, um ein solches Ziel zu erreichen, scheint auf den ersten Blick nicht sehr beeindruckend. Schließlich ist es nicht sehr schwierig, jeden Nachmittag ein paar Witze aufzuschreiben. Jeder könnte es tun. Nicht wahr?

Erst wenn du einen ganzen Monat lang versucht hast (und gescheitert bist), eine ähnliche Gewohnheit zur Selbstverbesserung beizubehalten, wird dir klar werden, wie schwierig solche Herausforderungen sein können. Die Banalitäten des Lebens werden immer bereit sein, selbst dein einfachstes Ziel des täglichen Lebens zu sabotieren. Das ist der Grund, warum Seinfeld seine Regel mit solch einem Nachdruck betonte:

„Niemals diese Kette brechen!"

Indem wir uns verpflichten, die Aufgabe *täglich* (nicht ‚jeden zweiten Tag' und schon gar nicht ‚einmal die Woche') auszuführen, können wir die Vorliebe unseres Gehirns für Rituale und Routinen besser für uns nutzen. Ironischerweise könnte dir eine Aufgabe tatsächlich leichter erscheinen, wenn du sie jeden Tag ausführst, anstatt, sagen wir, jeden Dienstag und Donnerstag. Das ist die Macht der Gewohnheit.

James Clear, Autor des New York Times-Bestsellers ‚Die 1 %-Methode – Minimale Veränderung, maximale Wirkung' (im englischen Original: *‚Atomic Habits'*), beschrieb die Seinfeld-Methode folgendermaßen:

„Unterbrich die Kette deiner Work-outs nicht und du wirst feststellen, dass du allmählich fitter wirst.

Unterbrich die Kette deiner Arbeit nicht und du wirst feststellen, dass du ziemlich schnell Resultate bekommst.

Unterbrich die Kette deines künstlerischen Ichs nicht und du wirst feststellen, dass du regelmäßig kreative Werke erstellen kannst.

Viel zu häufig gehen wir davon aus, dass Spitzenleistungen eine kolossale Kraftanstrengung erfordern und dass unsere hochgesteckten Ziele uns einen unglaublichen Einsatz von Willenskraft und Motivation abverlangen. Aber in Wirklichkeit ist Hingabe für die kleinen überschaubaren Aufgaben alles, was wir brauchen.

Exzellenz folgt aus Konsistenz."

Kaizen-Prinzip 6: Ritualisiere das Messen deiner Fortschritte

In Kaizen-Prinzip 2 haben wir beschrieben, dass die Datenerfassung ein wichtiger Teil des OPDCA-Zyklus ist. Erinnere dich daran, dass Kaizen ursprünglich für die Fabrikhalle entwickelt wurde – wo jedes noch so kleine Detail erfasst und die Effizienz jeder Aufgabe überprüft werden musste.

Natürlich musst du bei deinen Bemühungen, deine persönlichen Ziele zu erreichen, keinen so dogmatisch strengen Ansatz verfolgen. Du solltest deine Zeit und dein Geld auch nicht an irgendwelche Zielverfolgungsprogramme, Schrittzähler oder iPhone-Apps verschwenden. Solche Hilfsmittel können unter Umständen hilfreich sein. Aber besonders am Anfang deines Kaizen-Trainings ist es in der Regel am besten, die Dinge möglichst einfach zu halten.

- Wiege jeden Tag dein Körpergewicht.
- Achte auf deine tägliche Kalorienzufuhr.
- Schreib dir die Anzahl der Stunden auf, die du täglich mit dem Geige üben beschäftigt bist.
- Miss deine Laufgeschwindigkeit mithilfe einer Stoppuhr.
- Berechne die Anzahl der Wörter, die du deinem Roman hinzugefügt hast.
- Oder nutze einfach die Seinfeld-Methode und male jeden Tag ein dickes rotes X, wenn du deine Aufgabe für den Tag erledigt hast.

Was dir beim Dokumentieren hilft, sei dir selbst überlassen. Entscheidend ist, dass du anfängst, jeden Tag *etwas* zu dokumentieren. Finde eine Methode, die für dich funktioniert, und gewöhne Körper und Geist an das Ritual des täglichen Trackings.

Wenn du dich selbst dazu zwingst, lediglich deine Fortschritte zu notieren, wird die Aufgabe hartnäckig in deinem Kopf bleiben. Wenn der Abend naht und du dein Tagesziel nicht erreicht haben solltest, wird dich dein Gehirn mit negativen Emotionen bestrafen. Wenn du es jedoch *schaffst*, deine tägliche Verpflichtung erfolgreich zu erfüllen, verspürst du einen Anflug von Stolz, wenn du einen weiteren Tag mit zunehmendem Fortschritt verzeichnest.

Darüber hinaus hilft uns das Führen konsistenter Aufzeichnungen dabei, ehrlich zu bleiben. Das menschliche Gehirn hat eine natürliche Tendenz, jede Variable zu vertauschen, die nicht in Stein gemeißelt ist. Deshalb wird der Barsch jedes Mal größer, wenn dein Onkel Hubert einen Schwank aus seinem Anglerleben erzählt. Die Dokumentation der Daten hilft dir dabei, diesem Phänomen entgegenzuwirken und zwingt dich, die Sache so objektiv wie möglich anzugehen. Wie Edwards Deming schrieb:

„Gott können wir vertrauen, alle anderen müssen uns Daten liefern."

‚Jeet Kune Do'

Wenn du dir einen kurzen Moment Zeit nimmst, um durch das Meer der angebotenen Kaizen-Literatur zu waten, wirst du viele Bücher, Videos, Blogs und Webseiten finden, die eine Fülle von ‚zeitlosen Kaizen-Prinzipien' darbieten. Aber wenn du dieses ganze Material einmal genauer betrachtest, bemerkst du die Unterschiede zwischen diesen Quellen.

Wie bei so vielen anderen Konzepten in der asiatischen Philosophie kommen verschiedene Menschen zu unterschiedlichen Interpretationen. Hier gibt es keine festen Regeln. Und niemand wird dich dafür kritisieren, dass du dich auf deine persönliche Art von Kaizen berufst. Es ist völlig in Ordnung, einen ‚Jeet Kune Do'-Ansatz in den Lehrplan aufzunehmen.

‚Jeet Kune Do' (auch bekannt als ‚Weg der abfangenden Faust') ist der Name von Bruce Lees persönlichem Kampfkunststil. Im Allgemeinen wird er als eine ‚formlose Form' des chinesischen Kung-Fu bezeichnet, die nicht auf einem bestimmten Stil oder einer starren Technik aufbaut.

Es gibt kein Bundes-Kaizen-Gericht. So wie jedes Unternehmen unterschiedliche Arbeitsabläufe für seine Produktionslinie anwendet, so kannst du natürlich die Kaizen-Techniken auswählen, die für deinen eigenen Lebensstil und deine Ziele am besten geeignet sind.

Es gibt keinen Grund, den Prozess zu überstürzen. Baue Kaizen stattdessen schrittweise in deine Lebensführung ein – und gib dem Konzept Zeit, zu reifen und sich zu entwickeln, so wie du es auch tust. Oder wie Bruce Lee schrieb:

„Leg dich nicht auf eine Form fest... pass sie [stattdessen] an... baue dir deine eigene und lass sie wachsen...”

Abbildung 12 – Diese Statue von Bruce Lee des Bildhauers Cao Chong-en steht im Stadtteil Yau Tsim Mong in Hongkong.

Kapitel 6: Dein erster Schritt mit Kaizen

Im vorherigen Kapitel haben wir besprochen, dass unsere Beschäftigung mit Kaizen immer mit einer Frage beginnt:

Welchen kleinen Schritt könnte ich heute tun, der meine Situation (langfristig) verbessern könnte?

Wenn Menschen vor einer schwierigen Herausforderung stehen, ist es ganz natürlich, dass sie Angst empfinden. Oft wissen wir bereits, was wir *tun sollten*, um unsere Ziele zu verfolgen. Aber wir schaffen es nicht, den Prozess in Gang zu bringen. Kaizen hilft, die Aufmerksamkeit des Anwenders auf die nächstliegenden Schritte zu lenken, die dieser *gerade jetzt* unternehmen könnte. Dieser Rahmen hilft zu verhindern, dass sein Geist von der Unermesslichkeit des vor ihm liegenden Hindernisses überwältigt wird.

Doch während dieses Paradigma bei der Aufteilung des Prozesses in kleinste Teile Wirkung entfalten kann, kann der Anwender immer noch andere Vorbehalte haben, die ihn daran hindern, Maßnahmen zu ergreifen. In diesem Kapitel betrachten wir vier weitere Fragen, die dir dabei helfen können, dich in die richtige Mentalität zum Erreichen deiner Ziele zu versetzen.

Frage 1: Was hält dich zurück?

Oft hängt der schwierigste Teil im Prozess des Zielerreichens nicht von deiner Bereitschaft ab, dich selbst zu ändern. Stattdessen hängt der Prozess von deiner Bereitschaft ab, deine *Umgebung* zu verändern. Wenn du dazu aufgefordert wirst, könntest du wahrscheinlich mehrere negative Einflüsse in deinem Umfeld identifizieren, die deine Entwicklung zurzeit behindern.

- Feiern deine Nachbarn ständig nächtliche Partys?
- Hast du letzte Woche mehr Zeit in der Kneipe um die Ecke verbracht, als du zugeben möchtest?
- Steckst du immer noch in deinem Kuhkaff fest?
- Spielen du und dein Mitbewohner ständig Computerspiele?
- Hat deine Umgebung eine hohe Kriminalitätsrate?
- Werden deine Autoreifen aus irgendeinem Grund ständig aufgestochen?
- Bist du zu müde, um nach dem abendlichen Berufsverkehr deinen persönlichen Projekten nachzugehen?

Einzeln betrachtet, wirken diese kleinen Ärgernisse unbedeutend. Aber ihre kumulative Wirkung kann deinen Lebenszielen abträglich sein. Oft ist der beste Weg, solche Störungen zu mindern, sich einfach aus der Umgebung zu entfernen, in der sie auftreten. Für viele ist das leichter gesagt als getan. Finanzielle Umstände oder bestehende familiäre Verpflichtungen können dich daran hindern, zu weit aus dem Nest zu fliegen. Deine Flügel werden vielleicht sogar von denen gestutzt, die dir am nächsten stehen.

- Hast du ein Elternteil, das darauf besteht, deine akademische Karriere zu planen?
- Füllt deine Oma deinen Teller ständig mit Keksen auf und achtet nicht auf deine Diät?
- Lachen dich Freunde und Geschwister aus, wenn du ganz vertieft in ein Buch bist?

Das Erreichen deiner Lebensziele bedeutet oft, Freunden und Familie zu sagen, dass du zu etwas anderem im Leben bestimmt bist. Wenn dein Schiff sich darauf vorbereitet, in See zu stechen, wird bald der Zeitpunkt kommen, an dem du dich entscheiden musst, an Bord zu gehen und den sicheren Hafen zu verlassen, den du dein Zuhause nennst.

In der skandinavischen Folklore war der Riesenkrake ein gigantischer Kopffüßer, ein echtes Monster, das die Handelssegler in den Gewässern des Nordatlantiks terrorisierte. Ein Schiff mag auf seinem Weg reibungslos segeln. Aber wenn die langen Tentakel des Riesenkraken es schafften, den Mast zu packen, dann war alle Hoffnung verloren. Das Schiff wurde in die Tiefen des Meeres hinabgezogen – und wurde nie wieder gesehen.

Die Reise unseres Lebens ist anfällig für ähnlich verschleierte Bedrohungen. Wir sind vielleicht bereit, die Segel zu setzen, um unsere Träume zu verwirklichen. Aber wenn wir uns von den Kreaturen der Tiefe zurückhalten lassen, dann wird unser Schiff das blaue Wasser nicht erreichen; das große Abenteuer unseres Lebens wird nicht mehr als eine Gute-Nacht-Geschichte sein.

Wie die Nachtwache, die den Horizont absucht (mit der Absicht, das eigene Schiff vor Schaden zu bewahren), so müssen auch wir nach den Zerstörern unserer Ziele Ausschau halten, die um uns herum lauern – die Fallstricke, die uns daran hindern, unsere Träume zu erreichen. Solche ruchlosen Kreaturen werden immer in deiner Nähe sein. Ihre Tentakel werden immer nach dir greifen – mit der Absicht, dich auf ihr Niveau herunterzuziehen. Mit der Absicht, dich zurückzuhalten.

Was hält dich also zurück?

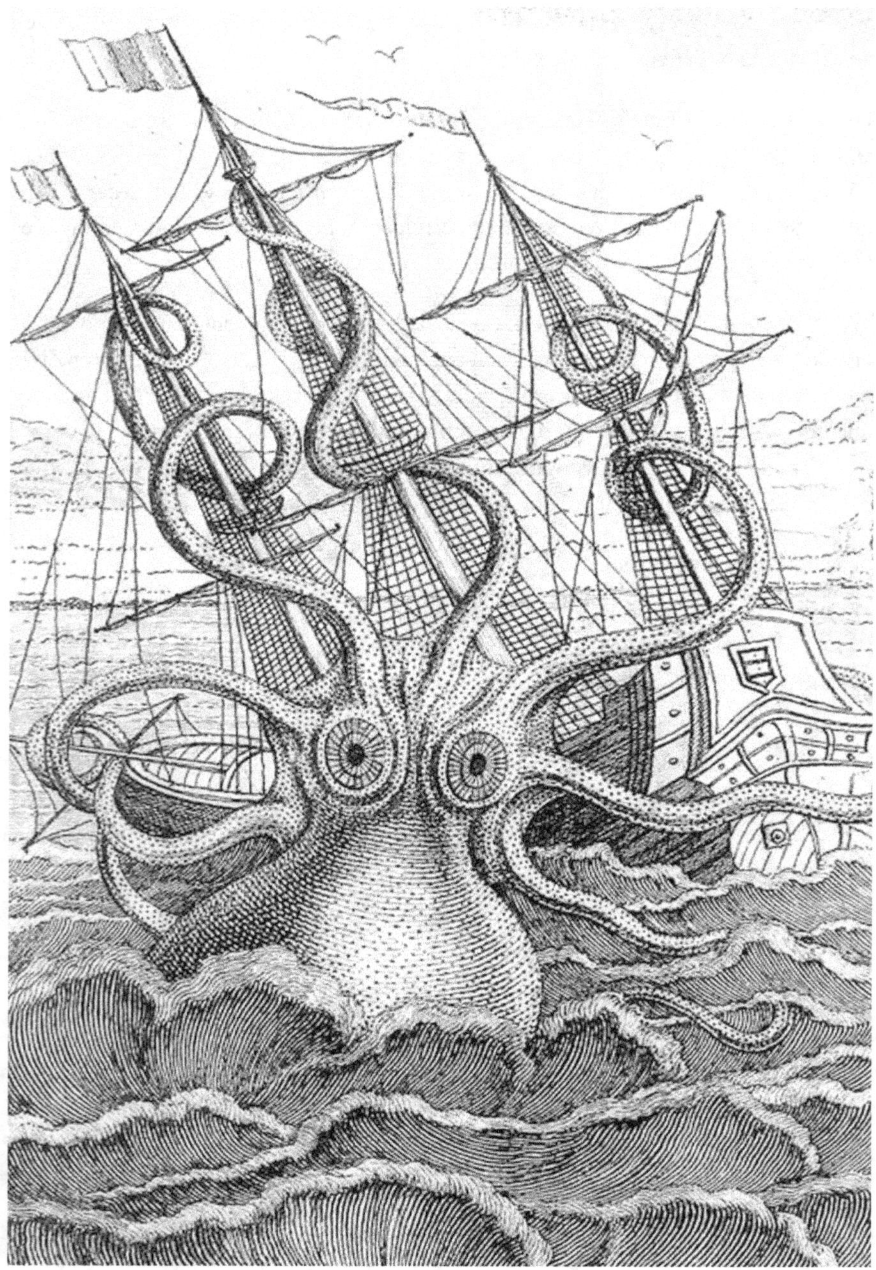

Abbildung 13 – Der Riesenkrake verschlingt ein Schiff. Federskizze des französischen Naturforschers Pierre Denys de Montfort (1801).

Frage 2: Bist du motiviert genug, um heute mit dem Aufbau guter Gewohnheiten zu beginnen?

Der Schlüssel zum Verständnis, warum Menschen so große Schwierigkeiten haben, gute Gewohnheiten aufzubauen oder sich an langfristige Ziele zu binden, liegt darin, zunächst die Grenzen des menschlichen Verstandes zu verstehen. Unser limbisches System ist hervorragend darin, die Vor- und Nachteile von unmittelbaren Muskelmanövern zu bewerten. z. B.:

> *„Wenn ich in die Küche gehe, dann kann ich einen Keks essen."*

Unter solchen Umständen ist es für den Verstand leicht, die Motivation aufzubringen, die Arbeit zu verrichten (zur Küche zu gehen), um die Belohnung (einen Keks) zu bekommen. Wenn es jedoch um komplexere Aufgaben geht, ist der Nutzen selten so augenfällig. Beeindruckende menschliche Leistungen werden in der Regel erst nach Jahren engagierter Arbeit vollbracht. Aber der Verstand hat Schwierigkeiten, solche selbstbezogenen Willenskräfte hervorzurufen, wenn die Aussicht auf eine zukünftige Belohnung düster ist. Es ist für uns nur schwer vorstellbar, wie die Ausführung kleiner täglicher Routinen zu signifikanten Früchten in der Zukunft führen könnte.

Stell dir einmal als ein Gedankenexperiment vor, wie sich dein Leben unterscheiden würde, wenn wir alle einen speziellen Fernseher besäßen, der in der Lage wäre, Bilder aus der Zukunft zu übertragen. Nehmen wir konkret an, der Bildschirm könnte uns das Ergebnis zeigen, wenn wir eine tägliche Gewohnheit ein oder zwei Jahrzehnte lang beibehalten. Zum Beispiel:

- Ein schlaksiger Mann, der über den Start eines Krafttrainingsprogramms nachdenkt, könnte sehen, wie sein zukünftiger Körper nach zehn Jahren abendlichen Trainings aussehen würde.
- Ein Teenager, der vor Kurzem mit seinen Freunden mit dem Rauchen begonnen hatte, könnte die schädlichen gesundheitlichen Auswirkungen beobachten, wenn er der Nikotinsucht erliegen sollte.
- Ein Junge, der Cello spielen lernt, könnte hören, wie sein Spiel klingen würde, wenn er bis zu seinem 30. Geburtstag jeden Tag üben würde.

Ein solcher Einblick in die Zukunft könnte als starke motivierende Kraft wirken – und jede Unklarheit über den potenziellen Wert der Ausführung einer täglichen Gewohnheit beseitigen.

Leider gibt es ein solches Gerät nicht. Der typische menschliche Planungshorizont reicht selten über die nächste oder übernächste Woche hinaus. Danach werden die Dinge unscharf. Bei unserem Versuch, die Vorteile der Einführung neuer Gewohnheiten quantitativ zu erfassen, können wir nur Vermutungen über mögliche zukünftige Vorteile anstellen. Das Erstellen solcher Prognosen ist schwierig – vor allem, wenn du noch nicht viele Erfolgsmomente auf dem Konto hast und dir die nötige Erfahrung fehlt, um den Wert einer bestimmten Vorgehensweise abzuschätzen.

Deshalb beginnen wir bei Kaizen unsere Reise mit kleinen und unmittelbaren Schritten. Jeder zurückgelegte Kilometer ist ein kleiner Erfolg, bei dem dein Verstand die Möglichkeit hat, sich an den Prozess der Zielerreichung zu gewöhnen. Je mehr Pokale du anhäufst, desto offener wird dein Verstand für einen breiteren Planungshorizont und desto eher akzeptierst du, deine Belohnung erst nach einer gewissen Zeit zu erhalten. Solche mentalen Tricks sind notwendig, um langfristige Ziele zu erreichen und außergewöhnliche Leistungen zu vollbringen.

Frage 3: Welche Herausforderungen hast du in deinem Leben bereits überwunden?

In Kapitel 2 haben wir die Bedeutung von Hansei (‚ehrliche Selbstreflexion') und den Nutzen besprochen, kritisch gegenüber den eigenen Fähigkeiten zu bleiben. Das Streben nach Objektivität in Bezug auf deine Stärken und Schwächen hilft, Selbstgefälligkeit zu vermeiden und verhindert, dass du vom Weg der kontinuierlichen Verbesserung abkommst. Während du jedoch klugerweise bescheiden bleibst, was deine Fähigkeiten angeht, solltest du dir ab und zu einen Moment Zeit nehmen, um deine Erfolge der Vergangenheit angemessen zu würdigen.

Jeder hat schon einmal eine größere Herausforderung gemeistert. Jeder hat schon einmal einen Konflikt erlebt, aus dem er als Sieger hervorging. Das Führen eines Protokolls solcher Triumphe kann an den Tagen von unschätzbarem Wert sein, an denen die Geister der intrinsischen Motivation nicht so leicht heraufbeschworen werden können, oder wenn die Hindernisse vor dir unüberwindbar erscheinen.

Es ist leicht, vor der vor dir liegenden schwierigen Prüfung in Ehrfurcht zu erstarren. Aber es ist noch einfacher, die bereits so häufig zurückgelegten Hindernisse zu vergessen, die umgestürzt als ein Zeichen deines persönlichen Triumphs hinter dir liegen.

Abbildung 14 – Man vergisst leicht, wie viel man gelernt hat und wie weit man gekommen ist.

Frage 4: Wie würdest du einen ‚idealen Arbeitstag' definieren?

Wenn du am Morgen aufwachst, solltest du eine Schablone im Kopf haben, die beschreibt, wie ein ‚idealer Arbeitstag' aussieht. Bei der Skizzierung eines solchen Tages ist es wichtig, einen ‚idealen Arbeitstag' nicht mit einem ‚erfolgreichen Tag' oder einem ‚Glückstag' zu verwechseln – etwa einem Tag, an dem deine Aktien im Wert steigen oder du befördert wirst. Solche Ereignisse sollten gefeiert werden. Aber ein idealer Arbeitstag ist nicht von den Launen des Glücks oder des Schicksals abhängig. Stattdessen definieren wir ihn so:

Ein idealer Arbeitstag ist einer, an dem du alle Ziele erledigst, die du unter Kontrolle hast.

Wenn du dir zum Beispiel vorgenommen hast, sechs Stunden ununterbrochen an einem neuen Projekt zu arbeiten, und dir dies tatsächlich gelingt, dann erfüllt diese Leistung die Kriterien für einen idealen Arbeitstag. Wenn du deinem Gehirn jedoch erlaubst, deine Konzentration zu unterbrechen, sinkt wahrscheinlich deine Produktivität.

- Hast du deinen Workflow unterbrochen, um E-Mails zu beantworten?
- Hast du deinen Workflow unterbrochen, um die Aktienkurse zu überprüfen?
- Hast du deinen Workflow unterbrochen, um mit Kollegen zu plaudern?

Jedes dieser Ereignisse liegt ganz und gar in deiner Hand. Du hättest dich an den ursprünglichen Plan halten können (sechs Stunden für dein neues Projekt zu verwenden), aber du hast es nicht getan.

Im Laufe des Tages häufen wir alle Hunderte solcher Fehler an:

- Wolltest du nicht eigentlich drei Stunden lernen, hast aber die meiste Zeit damit verbracht, deiner Freundin über WhatsApp zu schreiben? *Das ist ein Misserfolg.*
- Hast du dir selbst versprochen, dich nicht mit deinem Nachbarn wegen seines zu großen Strauches zu streiten, aber stattdessen zugelassen, dass sein Fehlverhalten zu dir durchdringt? *Das ist ein Misserfolg.*
- Wolltest du nicht nach dem Abendessen eigentlich ins Fitnessstudio gehen, hast dich aber stattdessen entschieden, deine Lieblingsserie auf Netflix zu schauen? *Das ist ein Misserfolg.*

An einem typischen Arbeitstag werden selbst diejenigen unter uns mit der größten Willenskraft ständig versagen. Das ist absolut in Ordnung. Wir sind schließlich Menschen. Unsere produktiven Bemühungen werden für immer anfällig für die Unbeständigkeit unserer Gesundheit und unseres Glücks sein. Kleinere (und manchmal auch größere) Notfälle reißen uns von unseren Schreibtischen – sie verlangen unsere Aufmerksamkeit und bringen unsere sorgfältig geplanten Zeitpläne durcheinander.

Deshalb vermeiden wir es, unsere Bemühungen anhand der unbeständigen Umstände des Tages zu bewerten. Stattdessen beginnen wir jeden Arbeitstag mit der Absicht, die wenigen Aufgaben zu erledigen, die wir kontrollieren können. Und am Ende eines jeden Arbeitstages sollten wir in der Lage sein, auf das, was wir erreicht haben, zurückzublicken und zu messen, inwieweit unser *tatsächlicher Tag* von unserem *idealen Tag* abwich. Diese Möglichkeit lässt sich zwar nie wirklich ausschließen, aber wir bemühen uns Stunde für Stunde, unsere Fehlerquote so gering wie möglich zu halten.

Kapitel 7: Zwei häufige Einwände gegen Kaizen

Besonders Studierende haben schnell zwei Arten von Bedenken, wenn sie das erste Mal mit Kaizen vertraut gemacht werden.

- Erstens weigern sie sich zu glauben, dass kleine tägliche Aktionen jemals etwas Substanzielles bewirken könnten.
- Zweitens behaupten sie, dass Kaizen nur eine Ausrede sei, um die kleinstmögliche Menge an Arbeit zu erledigen. Denn wenn wir uns nur ‚kleine Ziele' setzen sollen, dann sind ‚kleine Ziele' die einzige Art von Zielen, die wir verfolgen werden.

In diesem Kapitel gehen wir auf diese beiden Einwände ein.

Einwand 1: Kleine Aktionen können sich unmöglich zu viel summieren, oder?

Es gibt ein berühmtes Selbsthilfe-Diktum, das besagt:

Die meisten Menschen überschätzen, was sie in einem Jahr erreichen können, und unterschätzen, was sie in zehn Jahren erreichen können.

Dieses Zitat ist beispielhaft für eine der unglücklichsten kognitiven Einschränkungen des Menschen. Es ist sehr schwierig für den Verstand, die Ergebnisse einer Reihe von winzigen Handlungen zu betrachten und anschließend so auszuwerten, dass dadurch eine Prognose über das Schlussresultat aus zehn Jahren ähnlicher Arbeit angestellt werden kann.

Erinnerst du dich noch an die Ausgangsfrage, die wir uns stellen sollen, bevor wir eine Kaizen-Übung starten:

Welchen kleinen Schritt könnte ich heute tun, der meine Situation (langfristig) verbessern könnte?

Wenn Menschen aufgefordert werden, ihre Ziele zu verfolgen, indem sie zunächst eine Aufgabe aussuchen, die lächerlich klein ist, empfinden sie die erste Aufforderung oft als verwirrend. Das bloße Erledigen einer kleinen Aufgabe scheint sinnlos, wenn das primäre Ziel so groß ist. Es kann schwierig sein vorauszusehen, wie winzige Aktionen jemals zu beeindruckenden Erfolgen führen können. Aber diese Reaktion ist das Ergebnis von zwei Missverständnissen:

- **Erstens** mache dir klar, dass auch das Ziel mit Kaizen klein anfängt. Aber es bleibt nicht klein. Wie in den vorangegangenen Kapiteln erwähnt, zielt die geringe Größe der anfänglichen Aufgabe darauf ab, den Praktizierenden zu ermutigen, eine psychologische Dynamik aufzubauen – die Zahnräder in Bewegung zu setzen und den Anwender auf die Beine und zum Arbeiten zu bringen. Im Laufe der Tage kommen jedoch immer mehr mühsame Aufgaben hinzu.
- **Zweitens** verkennt diese Reaktion den Wert von Beständigkeit, wenn es um langwierige menschliche Unternehmungen geht. Rom wurde nicht an einem Tag erbaut. Es wurde von Menschen gebaut, die die Ausdauer hatten, jeden Tag zur Arbeit zu erscheinen, und das über Generationen. Seine großen Strukturen wurden durch die Anhäufung von Millionen kleiner Ziegelsteine gebildet. Einen einzelnen Ziegelstein in Position zu bringen, ist nicht sehr beeindruckend. Aber wenn die Aktion eine Million Mal wiederholt wird, dann bildet sich ein Imperium.

Um dieses Phänomen besser zu verstehen, betrachte die folgende Übung. Angenommen, du öffnest ein Microsoft Word-Dokument (mit den Standardeinstellungen für Schriftart und Papier) und gibst 2000 Wörter ein. Dies ist eine bescheidene Summe, die etwa drei Seiten füllen würde, wie der untenstehende Screenshot zeigt.

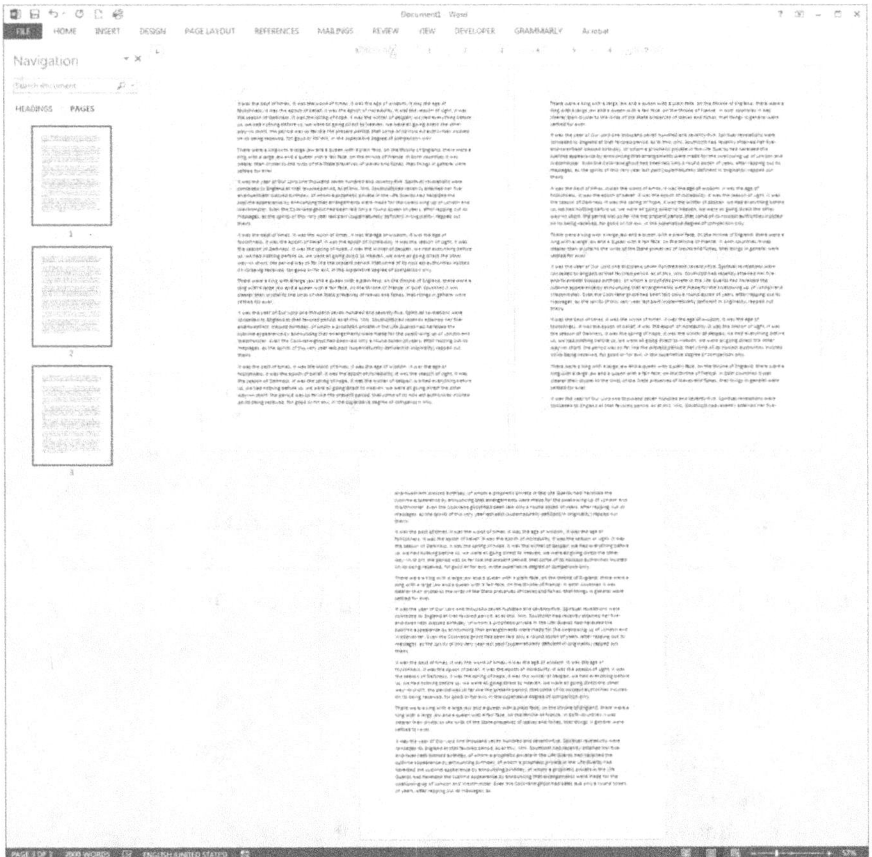

Abbildung 15 – In diesem Screenshot werden für ein mit Microsof Word erstelltes Dokument mit 2000 Wörtern nur drei Seiten benötigt.

Wenn du unser Bild betrachtest, solltest du bemerken, wie unscheinbar dieses Ausgangsvolumen ist. Selbst wenn du kein Schriftsteller bist, hast du wahrscheinlich irgendwann in deinem Leben eine Nacht lang durchgemacht, um einen größeren Businessplan, eine Abhandlung über den Niedergang Roms oder einen Aufsatz zu Effi Briest zu verfassen. Daher erscheint dir die Aussicht, mickrige drei Seiten Inhalt zu tippen, wahrscheinlich nicht sehr beeindruckend.

Nehmen wir mal an, ich würde dir verraten, dass die drei Seiten, die du jeden Tag tippen kannst, dem Aufwand eines der finanziell erfolgreichsten und produktivsten Schriftsteller der Welt entsprechen würde.

Würdest du mir glauben?

Wenn nicht, dann hast du die wahre Macht von **Konsistenz + Zeit** noch nicht begriffen.

Die drei Seiten in unserem obigen Screenshot sind vergleichbar mit der täglichen Schreibleistung des amerikanischen Schriftstellers Stephen King – Autor von 61 Romanen, 5 Sachbüchern und 200 Kurzgeschichten. In seinem Buch ‚Das Leben und das Schreiben' (im Original: ‚On Writing: A Memoir of the Craft') schreibt King:

„Ich möchte jeden Tag 2000 Wörter fertigbekommen. Das sind 180 000 Wörter über einen Zeitraum von drei Monaten, eine gute Länge für ein Buch – etwas, in dem sich der Leser gerne verlieren kann, wenn die Geschichte gut gemacht ist und frisch bleibt."

Hier sind die Wortzahlen von fünf seiner berühmtesten Romane, um einen Überblick zu geben:

- Christine – 189 900 Wörter
- The Green Mile – 177 000 Wörter
- The Shining – 165 500 Wörter
- Brennen muss Salem – 152 200 Wörter
- Friedhof der Kuscheltiere – 142 600 Wörter

Es stimmt zwar, dass einige von Stephen Kings Kritiker von der Qualität seiner Arbeit nicht sonderlich beeindruckt sind, aber *niemand* würde sagen, dass Stephen King nicht produktiv ist. In der nachfolgenden Abbildung haben wir eine Auswahl seiner Buchcover platziert, damit du eine Vorstellung vom Umfang der Stephen-King-Bibliografie bekommen kannst.

Abbildung 16 – Eine Auswahl der veröffentlichten Werke von Stephen King.

Dieses Bild zeigt eine eindrucksvolle visuelle Darstellung der Macht der Konsistenz. Schwierige menschliche Unternehmungen werden oft durch die Verpflichtung zu täglicher Leistung über einen längeren Zeitraum hinweg bewältigt. Viele günstige Gelegenheiten bleiben ungenutzt, nicht weil die Aufgabe unbedingt schwierig war, sondern weil die Person, die die Aufgabe erledigte, nicht die Ausdauer hatte, jeden Tag daran zu arbeiten. Aus diesem Grund haben wir mit Kaizen die Notwendigkeit einer Verpflichtung zum *täglichen* Fortschritt betont. Denn wir wissen, dass *große Belohnungen* in der Regel auf die Anhäufung einer Million kleiner Siege folgen.

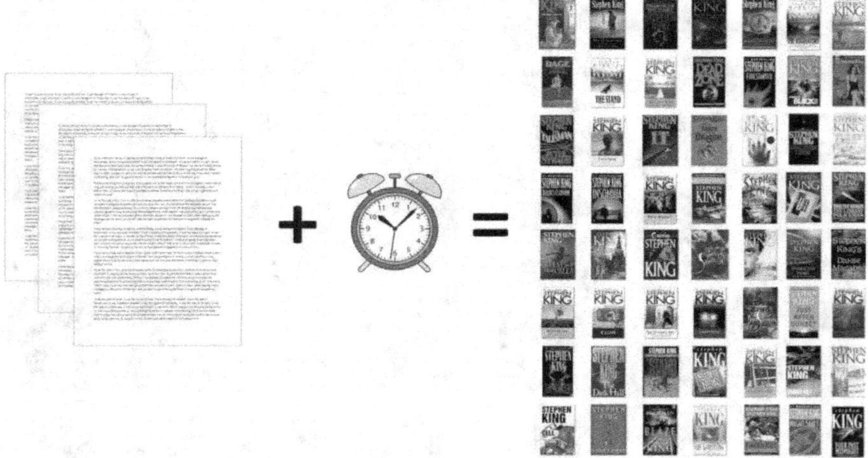

Abbildung 17 – Das Schreiben von nur drei Seiten (2.000 Wörter) pro Tag, multipliziert mit 50 Jahren, entspricht der gesamten Stephen-King-Bibliothek.

Einwand 2: Mit Kaizen muss ich jeden Tag nur das absolute Minimum an Arbeit erledigen, richtig?

Ein zweiter Einwand kommt von denjenigen, die Kaizen als Vorwand benutzen würden, um jeden Tag das absolute Minimum an Arbeit zu erledigen. „Schließlich", so könnten sie sagen, „habe ich mein tägliches Kaizen-Ziel doch erfüllt, wenn ich nur konsequent auftauche und meine Stunden abarbeite, oder?" Aber diese Erwiderung negiert den eigentlichen Zweck der Existenz von Kaizen.

Merke dir, unser Ziel bei Kaizen ist ‚kontinuierliche Verbesserung', nicht ‚kontinuierliche Stagnation'! Wenn du nicht jeden Tag mit der Absicht beginnst, deine gegenwärtige Situation schrittweise zu verbessern, dann praktizierst du kein Kaizen. Außerdem reicht es nicht aus, einfach nur ‚irgendwas' zu machen oder ‚deine Stunden abzuleisten', um zu wachsen. An jedem Schritt in deiner Entwicklung steigt der Aufwand für eine *weitere* Verbesserung.

Um diesen Punkt zu verstehen, betrachte die Arbeit des schwedischen Psychologen Anders Ericsson und seine sogenannte ‚10 000-Stunden-Regel'. Malcolm Gladwell hat diese Regel in seinem New York Times-Bestseller ‚Überflieger: Warum manche Menschen erfolgreich sind – und andere nicht.' (im Original: ‚Outliers: The Story of Success') populär gemacht. Die These lautet an dieser Stelle, dass die Beherrschung einer Fähigkeit typischerweise nach 10 000 Stunden Übung eintritt. Wenn der Übende also nur ‚seine 10 000 Stunden ableistet', kann er erwarten, ein Meister seines Fachs zu werden.

Das Problem bei dieser Regel ist, dass sich niemand auf die Menge an Aufwand einigen kann, die erforderlich ist, um eine einzige ‚Übungsstunde' zu bilden. Nicht alle Trainingseinheiten sind gleich. Es ist nicht ungewöhnlich, dass ein Übender ein ‚akzeptables' Niveau erreicht und dann seinen Fortschritt einstellt. Obwohl er immer mehr Übungsstunden hinzufügt, gelingt es ihm nicht, weitere Meilensteine zu erreichen.

Ericsson merkt an, dass Ärzte, die seit zwanzig Jahren praktizieren, selbstgefällig werden können, wenn sie ihre beruflichen Fähigkeiten als ‚gut genug' empfinden – d. h., als ausreichend, um den Arbeitstag zu überstehen. Bei Tests schnitten diese Ärzte etwa so gut ab wie angehende Ärzte, die erst seit fünf Jahren praktizieren.

Um dieses Phänomen zu erklären, unterscheidet Ericson zwischen ‚naiver Praxis' und ‚bewusster Praxis':

- **‚Naives Üben'** ist das, was wir tun, wenn wir nur zur Arbeit ‚auftauchen'. Ein winziger Teil des Lernens findet statt, wenn wir unsere morgendliche Büroroutine beginnen oder wenn wir an einem lockeren Federballspiel mit Freunden teilnehmen. Aber typischerweise entwickeln sich unsere Fähigkeiten nicht weiter, wenn wir nicht herausgefordert werden, ein höheres Ziel zu erreichen.

- **,Bewusstes Üben'** findet statt, wenn der Übende gezwungen ist, aus seiner Komfortzone herauszukommen, und aufgefordert wird, ein Niveau der Beherrschung zu zeigen, zu dem er in der Vergangenheit nicht fähig war. Wenn z. B. einem Violinist ein neues und kompliziertes Musikstück vorgesetzt wird oder wenn bei einem Leichtathletikwettkampf die Hürden einen Zentimeter höher gesetzt werden. In solchen Momenten werden die aktuellen Fähigkeiten des Anwenders beansprucht. Sein Verstand wird aufgefordert, etwas zu tun, was er noch nie getan hat. Und wenn ihm diese Aufgabe gelingt, dann ist sein Verstand gezwungen, das ,neue Normal' zu akzeptieren. Die Messlatte wurde höher gelegt. Und so muss auch sein Leistungsniveau sein. Dies ist der Zeitpunkt, an dem *echtes Wachstum* stattfindet.

Ich denke, wir alle können intuitiv bewusstes Üben' von den Momenten unterscheiden, in denen wir nur ,herumblödeln', ,Stunden abreißen' oder ,warten, bis die Zeit vergeht'. Wir alle wissen, dass es einen großen Unterschied zwischen jemandem gibt, der einmal am Tag lässig seine Runde dreht, und jemandem, der bis zum Umfallen rennt. Beide Sportler mögen die gleiche Anzahl an Stunden investiert haben, und dennoch wird nur einer von ihnen seine Laufgeschwindigkeit signifikant verbessern können. Wie Ericsson anmerkt:

„Mit bewusster Übung... ist das Ziel nicht nur, dein Potenzial zu erreichen, sondern es aufzubauen, Dinge möglich zu machen, die vorher nicht möglich waren. Dies erfordert, den gegenwärtigen Moment infrage zu stellen – aus deiner Komfortzone herauszukommen – und dein Gehirn oder deinen Körper zu zwingen, sich anzupassen... Exzellenz erfordert Anstrengung und geplantes, absichtliches Üben von zunehmenden Schwierigkeiten."

Nicht all unsere Interessen müssen mit dem gleichen Maß an Hartnäckigkeit verfolgt werden. Aber in unserem Fachgebiet kann ein außergewöhnliches Leistungsniveau nur durch die Verpflichtung zu einem kontinuierlichen Verbesserungsprozess erreicht werden. *Das* ist der Grund, warum wir uns in Kaizen üben. Unser Ziel ist es, *abzuheben*, nicht bloß zu überleben. Die Methodik soll nicht als Ausrede für Selbstgefälligkeit dienen. Ganz im Gegenteil, wie der Autor, der Kaizen im Westen erst populär machte, Masaaki Imai, schrieb:

„Selbstzufriedenheit ist der Erzfeind von Kaizen."

Wir werden nicht zu Kaizen-Praktizierenden, weil wir uns bemühen, ein Minimum an Zeit für unsere Arbeit aufzuwenden. Stattdessen praktizieren wir Kaizen, weil wir schätzen, wie kurz unsere Zeit auf diesem Planeten ist.

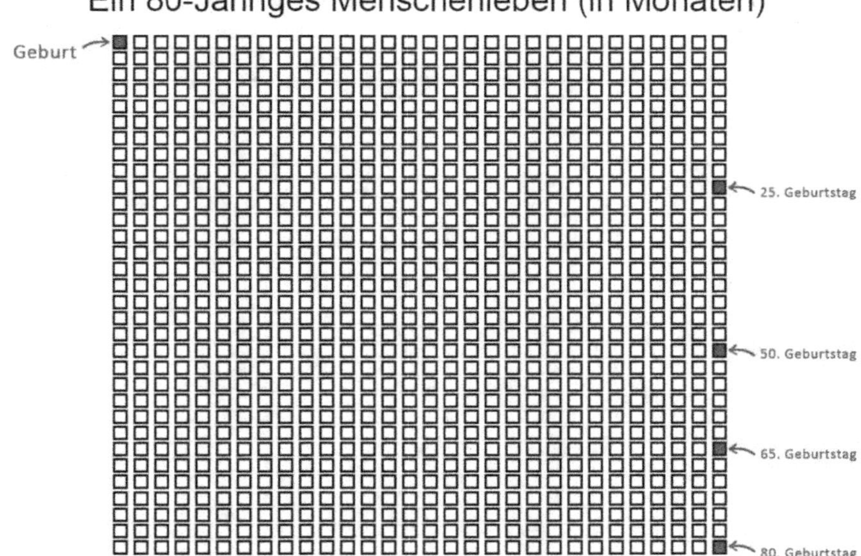

Dieses Bild hilft uns, die Vergänglichkeit unserer Existenz zu visualisieren. Die Zeit tickt. Jede Minute zählt. Viele Möglichkeiten liegen vor uns. Aber mit jedem Jahr, das vergeht, lösen sich die Möglichkeiten in Staub auf. Leider haben wir nicht genug Zeit, um uns auf jeden noch so kleinen Nebenpfad zu wagen, der unseren großen Lebensweg kreuzt. Wir müssen unsere Beschäftigungen sorgfältig auswählen und unseren Kurs mit Bedacht planen; und das alles, während wir die Zeit stets im Auge behalten.

Aus diesem Grund ist die Entwicklung deiner eigenen persönlichen Produktivitätsfähigkeiten so wichtig. Kaizen ermöglicht es uns nicht nur, unsere Ziele effizienter zu erreichen, sondern die Methodik fordert uns auch auf, jedes

Ziel in kleinste Schritte zu unterteilen und den Geist auf seine wesentlichsten Bestandteile zu fokussieren. Wie Greg McKeown (Autor von ‚Essentialismus: Die konsequente Suche nach Weniger. Ein neuer Minimalismus erobert die Welt' (im Original: ‚Essentialism: The Disciplined Pursuit of Less') schrieb:

> „Beim Schlagwort Produktivität geht es nicht darum, wie man *mehr* Dinge erledigt; es geht darum, wie man die *richtigen* Dinge erledigt. Es bedeutet nicht, einfach weniger zu tun um des Weniger willen... [Es geht] darum, die klügste Investition deiner Zeit und Energie zu tätigen, um [deinen] größtmöglichen Beitrag zu leisten."

Kapitel 8: Kaizen und dein Vermögen

Um ein besseres Verständnis von Kaizen zu entwickeln, sollten wir uns einen Moment Zeit nehmen, um einen Blick auf das Leben und die Zeit des Mannes zu werfen, der der Urheber so vieler seiner Prinzipien war – der amerikanische Ingenieur, Statistiker und Unternehmensberater Dr. William Edwards Deming.

Geboren 1900 in Sioux City, Iowa, erwarb Deming 1921 einen Bachelor-Abschluss in Elektrotechnik und 1928 einen Doktortitel in Mathematik in Yale. Einen Großteil seiner frühen Karriere verbrachte er mit dem Studium statistischer Methoden für die industrielle Produktion, das Management und die Qualitätskontrolle.

1950 wurde Deming eingeladen, beim Wiederaufbau nach dem Zweiten Weltkrieg in Japan zu helfen. Hier hielt er eine Reihe von Vorträgen über den Einsatz von Statistik zur Verbesserung der Produktionsqualität in der Fertigung.

Abbildung 18 – W. Edwards Deming wurde von der Vereinigung Japanischer Wissenschaftler und Ingenieure nach Japan eingeladen, um Statistik zur Qualitätsverbesserung zu lehren.

In den Jahren nach dem Zweiten Weltkrieg unternahm Deming viele Reisen nach Japan und unterrichtete Hunderte von Ingenieuren, Akademikern und Managern über seine Qualitätskontrolltechniken und Managementtheorien. Seine Arbeit wurde als so wesentlich für die Rehabilitation Japans angesehen, dass die Vereinigung japanischer Wissenschaftler und Ingenieure eine Medaille nach ihm benannte. Der ,Deming-Preis' wird an Unternehmen oder Ingenieure verliehen, denen es gelingt, einen wesentlichen Beitrag auf dem Gebiet der Qualitätskontrolle zu leisten.

Abbildung 19 – Seit 1951 wird der Deming-Preis an Personen und Unternehmen verliehen, die bedeutende Fortschritte auf dem Gebiet der Fertigung und Qualitätskontrolle gemacht haben.

1985 suchte die US Navy nach zivilen Forschern, um ihre operative Effektivität für die statistische Prozesskontrolle zu verbessern. Demings gut aufgenommene Arbeit wurde genutzt und der Lehrplan, der aus diesem Unterfangen hervorging, wurde als TQM (Total-Quality-Management) bezeichnet. Die TQM-Methodik blieb bis in die 1990er-Jahre hinein populär und hatte großen Einfluss auf die in jüngerer Zeit eingeführten Produktionsmethoden und Qualitätsmanagementsysteme wie ISO 9000, Six Sigma und Lean Manufacturing.

Demings Arbeit blieb in der westlichen Öffentlichkeit relativ unbekannt, bis seine Geschichte und seine Methoden im Jahr 1991 von Rafael Aguayo verarbeitet wurden (Titel im Englischen: ‚Dr. Deming: The American Who Taught the Japanese about Quality.'). Das Buch stellte Demings Managementphilosophie vor und ist bis heute bei Managern beliebt.

Deming starb im Dezember 1993, zwei Monate nach seinem 93. Geburtstag. Das Werk, das er zu seinen Lebzeiten produzierte, könnte Hunderte von Büchern füllen (die US Library of Congress hat eine ganze Audio- und Videosammlung mit seinem Lehrplan). Aber in diesem Kapitel habe ich versucht, einige der wichtigsten Ideen von Deming zusammen mit einigen ergänzenden Beiträgen anderer Forscher in parallelen Bereichen zusammenzufassen. Diese Informationen wurden in acht wirkungsvollen Prinzipien zusammengefasst – jedes davon soll dir aufzeigen, wie du Kaizen an deinem eigenen Arbeitsplatz effektiv einsetzen kannst.

Prinzip 1: Verbessere stets deine Einstellung und die von deinen Mitarbeitern

Durch dieses gesamte Buch hinweg haben wir wiederholt erwähnt, dass jede Kaizen-Übung mit einer einzelnen Frage beginnen soll:

Welchen kleinen Schritt könnte ich heute tun, der meine Situation (langfristig) verbessern könnte?

Diese Frage wurde aus dem Fragebogen abgeleitet, den Edward Deming jedem einzelnen Toyota-Angestellten am Start eines jeden einzelnen Arbeitstages ausgehändigt hat. Seine ursprüngliche Frage lautete etwa so:

Welchen kleinen Schritt könnte ich heute tun, der (langfristig) den Prozess oder das Produkt verbessern könnte?

Das Ritual, zu Beginn jedes Arbeitstages dieselbe Frage zu stellen, hilft dem Mitarbeiter, seinen Verstand auf das eigentliche Ziel zu fokussieren – die kontinuierliche Verbesserung des Produkts bzw. der Mittel, mit denen das Unternehmen das Produkt herstellt. Natürlich erwartet niemand, dass jeder Mitarbeiter 24 Stunden am Tag eine Erleuchtung bekommt. Stattdessen ging es Deming lediglich darum, eine produktive Geisteshaltung in der Belegschaft zu etablieren. Die Aufforderung an die Mitarbeiter, in ihrem Streben nach Produktivität wachsam zu bleiben, hilft, Selbstgefälligkeit zu verhindern und bereitet den Geist darauf vor, eine bessere Methode dann zu erkennen, wenn sie schließlich auftaucht.

Prinzip 2: Mache eine ‚kleine Wette' auf eine möglicherweise große Idee

Durch den Einsatz der Kaizen-Methode hoffen Manager, den Arbeitsplatz in einen Inkubator für neue Ideen und zufällige Entdeckungen zu verwandeln. Wenn die Inspiration endlich zuschlägt und eine Idee vielversprechend ist, wird den Mitarbeitern die Möglichkeit gegeben, die Idee umzusetzen und zu testen – und sei es nur für ein oder zwei Tage. Dieser risikoarme Schachzug ist das, was der Unternehmensberater Peter Sims eine ‚kleine Wette' nennen würde.

In seinem Buch ‚Little Bets: How Breakthrough Ideas Emerge from Small Discoveries' (‚Wie aus kleinen Entdeckungen bahnbrechende Ideen entstehen') beschreibt Sims, wie profitable Ergebnisse oft das Ergebnis von Unternehmungen sind, die relativ geringe Startkosten erfordern. Ein fleißiger Mensch entdeckt z. B. ein Problem, das gelöst werden muss, und geht dann eine ‚kleine Wette' ein – er setzt seine Zeit und seine Ressourcen in der Hoffnung ein, eine Lösung zu finden, für die die Leute bereit sind zu zahlen.

Normalerweise sind solche Tricks nicht viel wert. Aber manchmal ist die Belohnung groß. Aus diesem Grund dürfen Google-Mitarbeiter 20 % ihrer Zeit für Lieblingsprojekte aufwenden – Nebenbeschäftigungen, die nicht in den Rahmen ihrer täglichen Aufgaben fallen. Die überwiegende Mehrheit dieser Projekte bringt Google nie einen einzigen Penny ein. Die meisten sind ein Nettoabfluss von Ressourcen in Höhe von Millionen von Dollar pro Jahr. Aber erst wenn man weiß, dass Gmail, Google Maps, Google Adsense und Google News alle aus solchen Projekten hervorgegangen sind, lassen sich die Kosten für ihre weniger erfolgreichen Pendants leichter rationalisieren.

Die meisten Versuche werden nicht sofort erfolgreich sein. Wir können nie wissen, welche Änderung eines Arbeitsablaufs zu mehr Effizienz führt, und welche den Prozess behindert. Das ist in Ordnung. Selbst wenn unsere Idee nicht aufgeht, haben wir noch nicht viel verloren. Denn Kaizen-Wetten sind (definitionsgemäß) ‚kleine Wetten'.

Beachte dabei, dass das Pareto-Prinzip vorschreibt:

Ungefähr 80 % der Folgen werden von 20 % der Ursachen verursacht.

In der Geschäftswelt bedeutet dies:

- 80 % deines Umsatzes kommen von 20 % deiner Kunden.
- 80 % deiner Leads kommen von 20 % deiner Anzeigen.
- 80 % deines Umsatzes werden durch 20 % deiner Produkte generiert.

Die potenzielle Zahlungsfähigkeit eines bestimmten Geschäftszweigs wird für uns für immer nebulös bleiben. Daher sind wir gezwungen, jedes Projekt mit dem Wissen zu starten, dass ein Scheitern wahrscheinlich ist. Dies gehört zu den Kosten des Geschäftsbetriebs, aber genau *diese* Kosten wurden entwickelt, um Kaizen zu mindern.

Indem wir große Projekte in kleinere (weniger riskante) Schritte („kleine Wetten') aufteilen, begrenzen wir unsere Verluste, wenn sich ein bestimmter Sprung als weniger trittsicher erweist, als wir ursprünglich gehofft hatten. Wenn ein unerwünschtes Ergebnis eintritt, ändern wir einfach unseren Kurs und versuchen einen anderen Weg. Diese agile Strategie wird durch das stetig wachsende Fundament unterstützt, auf dem Kaizen aufbaut. Wie Peter Sim schrieb:

„Wege zu finden, schnell zu scheitern, weniger Emotionen und weniger Zeit in eine bestimmte Idee oder einen Prototyp zu investieren... ist ein durchgängiges Merkmal der Arbeitsmethoden erfolgreicher... Innovatoren."

Prinzip 3: Fördere den Stolz auf die eigene Arbeitsleistung

In Kapitel 3 haben wir darüber gesprochen, wie wichtig es ist, sich mit Aktivitäten zu beschäftigen, die die Geister von *Autonomie*, *Beherrschung* und *Zielsetzung* heraufbeschwören. Wenn jede Emotion während der kreativen Bemühungen eines Mitarbeiters geweckt werden kann, wird die Synergie zu einem besonderen Nutzen führen – was Edward Deming gerne als „Stolz auf die eigene Arbeitsleistung" bezeichnete.

In seinem Buch ‚Out of the Crisis' (‚Raus aus der Krise') erklärt Deming:

„... Menschen, die am Zählen gemessen werden, wird der *Stolz auf die eigene Arbeitsleistung* genommen. Die *Anzahl der Entwürfe, die ein Ingenieur in einer bestimmten Zeitspanne erstellt* wäre ein Beispiel für einen Index, der keine Chance für den Stolz auf die eigene Arbeitsleistung bietet. Er wagt es nicht, sich Zeit zu

nehmen, um das Design zu studieren und zu ändern... das würde seine Leistung verringern."

Deming war Statistiker, aber er erkannte schnell, dass der Wert eines Mitarbeiters nicht einfach auf eine bloße Zahl zu reduzieren ist. Stattdessen kann die Förderung einer Umgebung, in der die Arbeit mit *Stolz* erledigt wird, wertvoller sein als jede numerische Messung der Rohleistung. Einen Job zu finden, der solche Leidenschaften weckt, kann für den Mitarbeiter wichtiger sein als jede andere Annehmlichkeit für eine Führungskraft – insbesondere von der Art, die in einer Firmenbroschüre steht. Wie Deming schrieb:

„... *Stolz auf die eigene Leistung* bedeutet dem Produktionsarbeiter mehr als Sporthallen, Tennisplätze und Erholungsgebiete... [abgesehen vom Gehalt] verlangen die Menschen, dass ihre Karrieren [immer mehr Möglichkeiten bieten] – um der Gesellschaft etwas hinzuzufügen, materiell und anderweitig."

Wie also kann ein Chef einem Mitarbeiter begreiflich machen, dass das Rädchen, das er produziert, *wichtig* ist und dass ein gewisses Maß an existenzieller Erfüllung in seinem Beruf zu finden ist?

Fans der HBO-Serie ‚Silicon Valley' von Mike Judge kennen vielleicht einen Running Gag in der Serie. Jedes Mal, wenn die Charaktere mit einer neuen Tech-Firma interagieren, besteht der CEO unweigerlich darauf, dass er dabei ist, „die Welt zu verändern". Der Witz kommt bei Tech-Mitarbeitern gut an, denn *jedes* mittellose Tech-Startup in Kalifornien behauptet, kurz davor zu sein, „die Welt zu verändern" – egal wie banal ihre heiße neue Smartphone-App tatsächlich ist.

Trotzdem haben sie das Herz auf dem rechten Fleck. Eine gute Führungskraft wird seine Teammitglieder immer wieder an ihren Platz im Universum erinnern. Oft ist der Wert eines Mitarbeiters für den Chef offensichtlich, aber nicht für den Mitarbeiter selbst. Dieser könnte sich als überflüssiges Zahnrad in einem sinnlosen Uhrwerk betrachten. Es muss also konsequent versucht werden, den Mitarbeitern zu zeigen, warum und wie ihre Arbeit wichtig ist – für den Chef, für das Unternehmen und für die Kunden.

Die Methode, mit der solche Darstellungen gezeigt werden, ist von Branche zu Branche unterschiedlich. Die Wichtigkeit der Rolle eines Mitarbeiters kann dadurch verdeutlicht werden, dass man ihm genau zeigt, wie sich seine Leistung auf seine Kollegen weiter unten in der Lieferkette oder in der Produktionslinie auswirkt. Oder sein Wert könnte auch auf eine kunstvollere Art und Weise offenbart werden. Steve Jobs ließ bekanntlich die Unterschriften des Apple-Entwicklungsteams auf der Rückseite jedes Geräts platzieren, das vom Mac-Fließband kam. Wenn Sie jemals einen Macintosh von 1984 in die Hände bekommen, werden Sie die Unterschriften auf der Innenseite des Gehäuses finden.

Abbildung 20 – Steve Jobs integrierte die Unterschriften des ursprünglichen Mac-Entwicklungsteams auf die Innenseite des ersten Apple Mac.

Ähnliche Gesten sind in vielen Branchen zu finden. Es ist gut, dass solche kostbaren Zeitpunkte aufbewahrt werden. Erinnere dich an das Zitat von David Deida, das auf der ersten Seite dieses Buches steht:

„Jeder Augenblick deines Lebens ist entweder eine Prüfung oder eine Party."

Da wir so viele Stunden unseres Lebens am Arbeitsplatz verbringen, ist es wichtig, dass wir uns (hin und wieder) einen Moment Zeit nehmen, um die Beiträge der einzelnen Teammitglieder zu feiern und anzuerkennen. Der Beruf wird immer wieder als Treiber für die *Lebenszufriedenheit* genannt – er kann uns *zuverlässig* auf die obersten Ränge der Maslowschen Bedürfnispyramide befördern. Alles, was du als Chef, Manager oder Teamleiter tun kannst, um deine

Mitarbeiter auf der Leiter der Selbstverwirklichung nach oben zu hieven, wird zu größerer Arbeitszufriedenheit bei dir und zu produktiverem Output für dein Unternehmen führen.

Da die Bereiche des Berufs- und des Privatlebens oft untrennbar miteinander verbunden sind, ist es günstig, dass diese Bereiche parallel verlaufen – und im Idealfall zu einem für beide Seiten lohnenden Ziel führen. Wie der mit dem Nobelpreis ausgezeichnete Wirtschaftswissenschaftler Edmund Phelps schrieb:

„... Maslow prägte [den Begriff] ‚Selbstverwirklichung' und John Rawls [prägte] ‚Selbstverwirklichung', um sich auf die entstehende Beherrschung und den sich entfaltenden Spielraum einer Person zu beziehen. [Sie] verstanden, dass der größte Teil, wenn nicht sogar die gesamte erreichbare Selbstverwirklichung in modernen Gesellschaften nur aus der *Karriere* kommen kann... Wenn eine herausfordernde Karriere nicht die Haupthoffnung für Selbstverwirklichung ist, was könnte es sonst sein?"

Prinzip 4: ‚Angst vertreiben'

Um zu verstehen, warum so viele Unternehmen von Kommunikationsproblemen geplagt werden, hörte sich Edward Deming stundenlang Tonbänder mit Gesprächen zwischen Fabrikarbeitern und dem oberen Management an. Zu seinem Entsetzen stellte Deming fest, dass Produktionsprobleme oft aus Situationen resultierten, die die Mitarbeiter in der Fertigungslinie lange vor der Katastrophe erkannt hatten. Da sie aber zu ängstlich waren, ihre Bedenken gegenüber dem oberen Management zu äußern, verschlimmerten sich die Probleme – und führten schließlich zu einer katastrophalen Situation. Wie Deming schrieb:

„Niemand kann seine beste Leistung erbringen, wenn er sich nicht sicher fühlt. ‚Se' kommt aus dem Lateinischen und bedeutet ‚ohne'... ‚*Cure*' bedeutet Angst oder Sorge. ‚*Secure*' bedeutet im Englischen also ‚ohne Angst', auch wenn wir es oft als ‚Sicherheit' übersetzen, keine Angst, Ideen zu äußern, keine Angst, Fragen zu

stellen... Erlaube deinen Mitarbeitern, ihr Bestes zu geben, indem du sicherstellst, dass sie keine Angst haben, [ihre einzigartigen] Ideen oder Bedenken zu äußern."

Für Deming hatte diese Freiheit, „ihre einzigartigen Ideen oder Bedenken auszudrücken", viel damit zu tun, den Mitarbeitern die Möglichkeit zu geben, Vorschläge zu machen, wie ein Prozess verbessert werden könnte. In Unternehmen bilden sich naturgemäß Hierarchien heraus, in denen die abteilungsübergreifende Kommunikation durch kulturelle und soziale Unterschiede belastet wird. Daher müssen sich die Führungskräfte darum bemühen, dass die Kommunikationslinien offenbleiben. Deming schrieb dazu:

„Stelle sicher, dass deine Führungskräfte ansprechbar sind... Baue Barrieren zwischen [Abteilungen] ab. Menschen, die in der *Forschung und Konstruktion* arbeiten, müssen die Probleme kennenlernen, die in der *Produktion und Montage* auftreten."

Dein Team wird verstehen, dass der Tag nicht genug Zeit hat, um jeden neuen Vorschlag umzusetzen. Aber es sollte jedem Einzelnen klargemacht werden, dass es nicht schadet, einen Vorschlag zu machen. Wie der italienische Diplomat Niccolò Machiavelli im 16. Jahrhundert schrieb:

„Es gibt keine andere Möglichkeit, sich vor Schmeicheleien zu schützen, als den Männern zu verstehen zu geben, dass es dich nicht beleidigt, wenn sie dir die *Wahrheit* sagen."

Prinzip 5: Die sieben Mudas

Im Japanischen bedeutet das Wort ‚Muda' übersetzt ‚Nutzlosigkeit' oder ‚Verschwendung'. Der japanische Wirtschaftsingenieur Taiichi Ohno kodifizierte seine ‚Sieben Mudas' im Rahmen der Entwicklung des Toyota-Produktionssystems (TPS) während seiner dreißigjährigen Tätigkeit für das Unternehmen.

Abbildung 21 – Der japanische Wirtschaftsingenieur Taiichi Ohno (1912-1990) war der Vater des ursprünglichen Toyota Produktionssystems (TPS).

Wir werden hier kurz auf jede der Sieben Mudas eingehen:

1. **Verschwenderische Bewegung**: Der Mitarbeiter sollte einen Arbeitsplatz haben, an dem ihm alles zur Verfügung steht, was er zur Erledigung seiner Arbeit benötigt. Die Montage eines Produkts sollte nicht erfordern, dass er einen Umweg macht und Werkzeuge oder Teile aus weit entfernten Ecken der Fabrik holt.

2. **Verschwenderischer Transport**: Ein Produkt zu bewegen kostet Geld. Wenn dein Produkt zwischen Lieferanten und Distributoren hin und her springt oder unnötige Versandkosten anfallen, dann gibt es ein Problem in deiner logistischen Infrastruktur.

3. **Verschwenderisches Warten**: In jedem Produktionsprozess verbringen Produkte oft die meiste Zeit ihres Daseins damit, verbessert zu werden. Versuche, solche Zeiten der Inaktivität nach Möglichkeit zu vermeiden.

4. **Verschwenderische Überproduktion**: Hast du mehr Produkte produziert, als du benötigst, oder mehr, als der Markt verlangt? Arbeite daran, den zukünftigen Bedarf richtig einzuschätzen.

5. **Verschwenderische Überverarbeitung**: Einem Kunden einen Mehrwert zu bieten, kann von Vorteil sein. Aber wenn die zusätzlichen

Funktionen für den Kunden nicht offensichtlich sind, dann wurde das Produkt übertechnisiert.

6. **Verschwendung von Inventar**: Je länger dein Produkt ungenutzt oder ungekauft bleibt, desto mehr Geld kostet es dich.

7. **Verschwenderische Defekte**: Eine Produktionslinie, die zu viele Blindgänger produziert, ist kostspielig.

Man muss keine Fabrik besitzen, um sich der vielen Arten ähnlicher Ineffizienzen bewusst zu sein, die sich in jeder Arbeitsumgebung schnell ansammeln können. Selbst das bescheidenste Kleinunternehmen ist anfällig für die gleichen Arten von Ressourcen verschwendenden Problemen. In einer typischen Büroumgebung manifestieren sich solche Verschwendungen oft in Form von *Ausfallzeiten der Mitarbeiter*.

- Wartet dein Admin auf eine E-Mail deines Webentwicklers?
- Wartet dein Webentwickler auf eine E-Mail deines Designers?
- Wartet dein Designer auf eine E-Mail deines Lieferanten?

Wenn man die meisten Mitarbeiter fragt, können sie ohne Weiteres mehrere Knackpunkte benennen, die ihre tägliche Produktivität behindern. Wenn du dein Team ermutigst, auf solche Workflow-Diskrepanzen zu achten (und zu melden, wenn sie eine bessere Idee haben), kannst du Verschwendung und Ineffizienzen im Büro erkennen.

Prinzip 6: Identifiziere deine wichtigsten Ziele

In Kapitel 3 haben wir besprochen, wie die Entdeckung deines Ikigai (deiner ‚wahren Berufung') die Kräfte der intrinsischen Motivation weckt und helfen kann, lähmende Prokrastination zu bekämpfen – diese Unart, die zu Lustlosigkeit, Untätigkeit oder der glühenden Weigerung führt, überhaupt etwas zu tun. Aber es gibt auch andere Formen der Prokrastination. Für Unternehmer ist ihr Hauptproblem nicht, dass sie nicht ‚bei der Arbeit erscheinen' oder ‚die Stunden einbringen'. Stattdessen nimmt ihre bevorzugte Methode der Prokrastination oft eine subtilere Rolle ein – umgangssprachlich ‚vielbeschäftigter Idiot' genannt.

Er vermeidet, die ‚richtige Arbeit' zu machen (d. h., die Arbeit, die dem Unternehmen tatsächlich nützt), und stattdessen werden die leichteren (geistig weniger anspruchsvollen) Aufgaben zuerst erledigt. Wenn unser Geist mit *irgendeiner* Art von Aktivität beschäftigt ist (irgendeine Tätigkeit), dann ist es *viel* einfacher, uns vorzugaukeln, dass wir ‚arbeiten' – selbst wenn die Aufgabe selbst völlig belanglos ist. Ein ‚vielbeschäftigter Idiot' sonnt sich in einem Milieu hektischer Betriebsamkeit – und sei es nur, um die vorübergehende psychologische Erleichterung hervorzurufen, zu wissen, dass er (zumindest) ‚an etwas arbeitet'. In der Welt des Unternehmertums trifft man eher auf einen ‚vielbeschäftigten Idioten' als auf einen ‚Faulpelz'.

Um zu vermeiden, dass du diese Rolle übernimmst, hilft es zu verstehen, dass dein Gehirn einen begrenzten Energiespeicher hat, aus dem es schöpfen kann. Mit jeder Stunde des Arbeitstages, die verstreicht, wird die *mentale Ermüdung* zu einem immer bedeutenderen Faktor bei jeder Handlung, die du ausführst. Und am Ende des Tages – wenn dein Gehirn all seine Energie verbraucht hat – wirst du nicht in der Lage sein, dein Gehirn dazu zu bringen, irgendetwas anderes zu tun als zu essen und zu schlafen.

Wir können die schädlichen Auswirkungen der Ermüdung abmildern, indem wir unsere Ziele in eine Reihenfolge bringen. Mit den mühsamen Aufgaben sollten wir beginnen, damit sie zu Beginn des Arbeitstages erledigt werden, wenn der Verstand für kognitiv anspruchsvolle Herausforderungen offener ist. Was unsere eher unbedeutenden Arbeitsfunktionen betrifft, so sollten diese an das Ende des Tages verschoben werden. Dazu können gehören:

- E-Mails checken

- Anrufbeantworter abhören
- Aufräumen des Schreibtisches oder Arbeitsbereiches
- Organisieren von Computerdateien
- Lesen von Neuigkeiten
- Überprüfen von Aktienportfolios
- Ausgaben kategorisieren

Natürlich gibt es eine Zeit und einen Ort für jede der oben aufgeführten Aufgaben. Aber nicht alle geschäftlichen Aktivitäten verbessern dein Endergebnis oder bringen geschäftlichen Erfolg mit dem gleichen Maß an Energie.

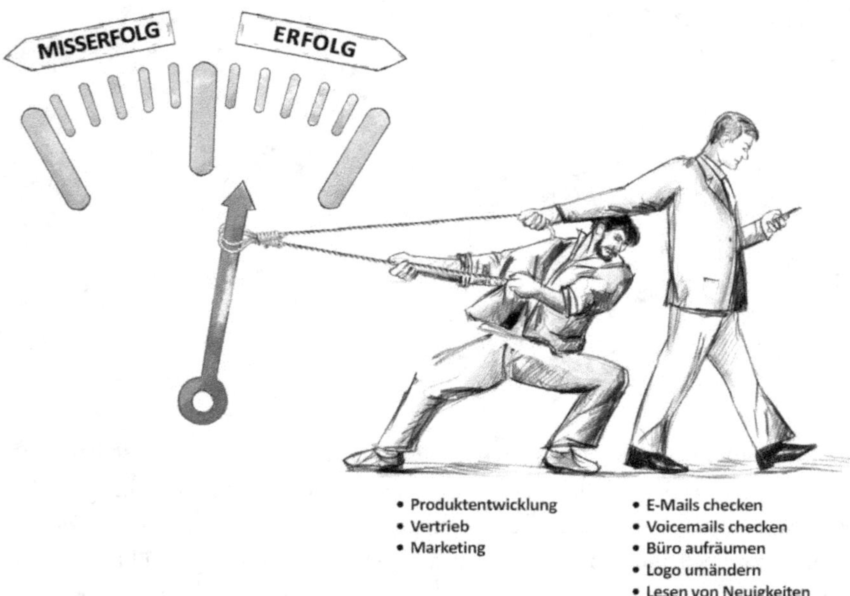

Abbildung 22 – Die Nadel des Erfolges ist in der Regel dann am weitesten fortgeschritten, wenn die Ressourcen für drei Dinge eingesetzt werden – Produktentwicklung, Vertrieb und Marketing.

Die wirkungsvollsten Maßnahmen liegen in der Regel im Bereich der **Produktentwicklung**, des **Vertriebs** und des **Marketings**. Die Handlungen, die du persönlich auswählst, werden einzigartig auf deine Branche zugeschnitten sein. Wahrscheinlich weißt du aber bereits, welche Handlungen du jeden Morgen ausführen *solltest*. D. h., du weißt, welche Aufgaben (wenn du sie tatsächlich konsequent erledigen würdest) zu größeren finanziellen Erfolgen führen würden.

Im Gegensatz zu unserer vorherigen Liste könnte eine aussagekräftigere To-do-Liste etwa so aussehen:

- Sprich fünf zufriedene Kunden an und frage sie, ob sie jemanden empfehlen können, der ebenfalls an deinem Produkt oder deiner Dienstleistung interessiert sein könnte.
- Verfasse eine E-Mail an deinen bestehenden Kundenstamm und informiere sie über ein neues Produkt oder eine neue Dienstleistung, die du ihnen anbieten möchtest.
- Arbeite mit deinem Entwickler zusammen, um einen Bereich zu identifizieren, in dem dein Produkt derzeit Defizite aufweist. Entwickle dann einen Plan zur Verbesserung des Funktionsumfangs des Produkts.

Stelle dich der Herausforderung, jeden Morgen deine drei wichtigsten Aufgaben abzuhaken – bevor du an etwas anderem arbeitest. Dies wird dir dabei helfen, auf dem richtigen Weg zu bleiben und zu verhindern, dass du aus den Augen verlierst, wie ein wirklich ‚produktiver Tag' aussieht.

Prinzip 7: Fokus bedeutet, dass du lernst, häufiger ‚Nein' zu sagen

Warren Buffett sagte einmal:

„Der Unterschied zwischen erfolgreichen Menschen und wirklich erfolgreichen Menschen ist, dass wirklich erfolgreiche Menschen zu fast allem ‚Nein' sagen."

Wenn du erst einmal gelernt hast, wie man finanzielle Möglichkeiten erkennt, dann wirst du feststellen, dass finanzielle Möglichkeiten hinter jeder Kurve lauern. Sie werden für immer nach deiner Aufmerksamkeit lechzen – begierig darauf, einen Moment deiner Zeit zu beanspruchen und dich von deinen primären Geschäftszielen wegzulocken.

Einige dieser Möglichkeiten werden sehr verlockend klingen. Aber sei gewarnt: Erfolgreiche Unternehmen sind oft hoch spezialisiert – sie sind gut darin, eine oder zwei Dienstleistungen anzubieten, oder dafür bekannt, ein oder zwei erfolgreiche Produkte herzustellen. Es kann schwierig sein, der Versuchung zu widerstehen, immer neue Kreationen in deine metaphorische Speisekarte aufzunehmen. Aber ein guter Küchenchef versteht, dass ‚weniger mehr ist'.

Als Steve Jobs 1998 wieder die Kontrolle über Apple übernahm, entließ er Berichten zufolge 3000 Mitarbeiter und reduzierte die Anzahl der Apple-Produkte von 350 auf zehn. In einem Gespräch mit Nike-CEO Mark Parker erklärte Jobs:

„Die Leute denken, dass fokussieren bedeutet, ‚Ja' zu der Sache zu sagen, auf die man sich konzentrieren muss. Aber das ist überhaupt nicht gemeint. Es bedeutet, ‚Nein' zu sagen zu den hundert anderen vielversprechenden Ideen, die es gibt. Du musst sorgfältig auswählen. Ich bin genauso stolz auf die Dinge, die wir nicht getan haben, wie auf die Dinge, die ich getan habe. Innovation bedeutet, zu 1000 Dingen ‚Nein' zu sagen."

Prinzip 8: Bereite dich auf deine zufällige Begegnung mit dem Glück vor

Die Medien lieben es, die Geschichten von Industriellen zu präsentieren, die es geschafft haben, sich gegen alle Widerstände durchzusetzen, außergewöhnliche Leistungen zu vollbringen und scheinbar unmögliche finanzielle Erfolge zu erzielen. Aber solche Darstellungen sind meist nur geschönte Vorstellungen von den verbissenen Kämpfen, die Unternehmer bei der Verfolgung ihrer Ziele tatsächlich führen. Während solcher Melodramen:

- Siehst du nicht die Millionen von alltäglichen Problemen, mit denen der Unternehmer jeden Morgen zu kämpfen hatte.
- Erlebst du nicht die Wellen der Angst, die über den Körper schwappen, bevor eine wichtige Geschäftsentscheidung getroffen wird.
- Erlebst du nicht die Tage, an denen das Unternehmen Stunden vom Bankrott entfernt war oder nicht in der Lage war, die Gehälter zu zahlen.

In der realen Welt kommt der finanzielle Erfolg selten in Form eines literarisch perfektionierten Spannungsbogens. Anders als Archimedes haben Unternehmer selten einen einzigen *Heureka-Moment*. Stattdessen wird der Erfolg nach jahrelangen Fehlern, Fehltritten und blindem Herumstolpern in einem hart umkämpften Gebiet erreicht.

Jim Collins (Autor des 2001 erschienenen Bestsellers ‚Der Weg zu den Besten. Die sieben Management-Prinzipien für dauerhaften Unternehmenserfolg'; im englischen Original: ‚Good to Great: Why Some Companies Make the Leap and Others Don't') hat seine Karriere damit verbracht, die Leistung außergewöhnlicher Unternehmen zu untersuchen. Bei der Befragung von Unternehmensmanagern über ihren entscheidenden Durchbruch war Collins überrascht zu erfahren, dass nur wenige von ihnen einen Wendepunkt nennen konnten, an dem klar war, dass ein kometenhafter Aufstieg an die Spitze unvermeidlich war. Im Folgenden sind drei Auszüge aus seinen Interviews abgedruckt:

Walgreens: „Es gab kein bahnbrechendes Treffen oder einen Moment der Erleuchtung, kein großes helles Licht, das wie eine Glühbirne aufging. Es war eine Art stetige Entwicklung."

Gillette: „Wir haben nicht wirklich eine große bewusste Entscheidung getroffen oder ein großes Programm gestartet, um eine große Veränderung oder einen Übergang einzuleiten. Individuell und kollektiv kamen wir zu dem Schluss, was wir tun können, um unsere Leistung dramatisch zu verbessern."

Philip Morris: „Es ist unmöglich, an eine große Sache zu denken, die einen Wechsel von gut zu großartig veranschaulichen würde, weil unser Erfolg eher evolutionär als revolutionär war, indem wir Erfolg auf Erfolg aufbauten. Ich weiß nicht, ob es ein einzelnes Ereignis gab."

In der Zusammenfassung seiner Ergebnisse schrieb Collins:

„... es begann uns allmählich zu dämmern, [dass] es keinen *wundersamen Moment* gab. Obwohl es für diejenigen, die von

außen hineinschauen, wie ein Durchbruch auf einen Schlag aussehen mag, war es *alles andere als das* für [die] Menschen, die die Transformation von innen heraus erlebten. Vielmehr war es ein ruhiger, bewusster Prozess des Herausfindens, was getan werden muss, um die besten zukünftigen Ergebnisse zu erzielen... Und dann einfach diese Schritte zu tun, einen nach dem anderen, Drehung für Drehung des Schwungrads. Nachdem sie über einen längeren Zeitraum gleichmäßig auf das Schwungrad gedrückt hatten, kamen sie unweigerlich an einen Punkt, an dem sie den Durchbruch schafften."

Der letzte Satz dieses Abschnitts ist der Schlüssel, denn er bringt die Intention der Kaizen-Philosophie auf den Punkt: die konsequente und disziplinierte Anwendung von täglichen Ritualen, Routinen und Gewohnheiten. Nur wenn man sich unermüdlich dafür einsetzt, das Räderwerk der Industrie voranzutreiben, wird am Ende ein profitables Ergebnis herauskommen.

Dein Karriereweg wird von zufälligen Begegnungen und Geistesblitzen durchzogen sein. Aber deine Fähigkeit, aus solchen Ereignissen Kapital zu schlagen, wird von deiner Bereitschaft abhängen – deiner Bereitschaft, jeden Tag im Büro aufzutauchen, sich anzustrengen und ein offenes Ohr für den Klang des Glücks zu haben. Wie das alte Sprichwort sagt:

Glück ist das, was passiert, wenn Vorbereitung auf Gelegenheit trifft.

Das stimmt.

Aber wir sollten uns einen Moment Zeit nehmen, um zu erkennen, wie schwer fassbar Glück sein kann. Die meisten von uns werden das Glück nicht erkennen – selbst wenn es uns in den Schoß fällt. Geschäftlicher Erfolg kommt selten in Form eines gerade ausgegrabenen Goldnuggets. Stattdessen beruhen die meisten Vermögen auf einer Erkenntnis, die (zumindest anfangs) so banal war, dass das potenzielle Ausmaß ihres Wertes praktisch nicht wahrgenommen wurde – selbst von dem Glücklichen nicht, der darauf gestoßen war.

- Alexander Graham Bells Interesse an der Telefonkommunikation entstand aus seiner Arbeit mit Gehörlosen.
- Bill Gates' erste Computerfirma hatte das Ziel, Verkehrsüberwachungsschalter an Stadtplaner zu verkaufen.
- Google-Mitbegründer Larry Page versuchte erfolglos, seinen Suchalgorithmus für eine mickrige Million Dollar an Yahoo zu verkaufen.

Leider ist es für den menschlichen Verstand sehr schwer, mehr als ein oder zwei Züge auf dem großen Schachbrett des Lebens vorauszuberechnen.

- Daher müssen wir in jeder Phase des Spiels wachsam bleiben.
- Daher verpflichten wir uns bei Kaizen nicht zu der Verfolgung eines einzelnen hochgesteckten Ziels. Stattdessen widmen wir uns dem Alltag selbst.

Wir wissen zwar, dass wir nicht sehen können, welche Drehung des Schwungrads zu einer großartigen Belohnung führt, wir wissen aber auch, dass das Glück demjenigen hold ist, der es immer wieder anschiebt.

Der Heimweg des Betrunkenen

In seinem New-York-Times-Bestseller ‚Wenn Gott würfelt oder Wie der Zufall unser Leben bestimmt' (im englischen Original: ‚The Drunkard's Walk: How Randomness Rules Our Lives') erörterte der amerikanische Physiker Leonard Mlodinow, wie die Grenzen der menschlichen Erfahrung es uns unmöglich machen, die Zukunft vorherzusagen, und wie unsere angeborenen kognitiven Verzerrungen es uns *einfach* machen, die Vergangenheit falsch zu interpretieren.

Abbildung 23 – Der amerikanische theoretische Physiker Leonard Mlodinow im Jahr 2012 (Foto von Martin Haburaj)

Während wir alle gerne glauben würden, dass unser kugelsicherer Businessplan uns einen entscheidenden Kurs zum Erfolg ermöglicht, ist es meistens so, dass solche Reisen einen eher umständlichen Weg nehmen.

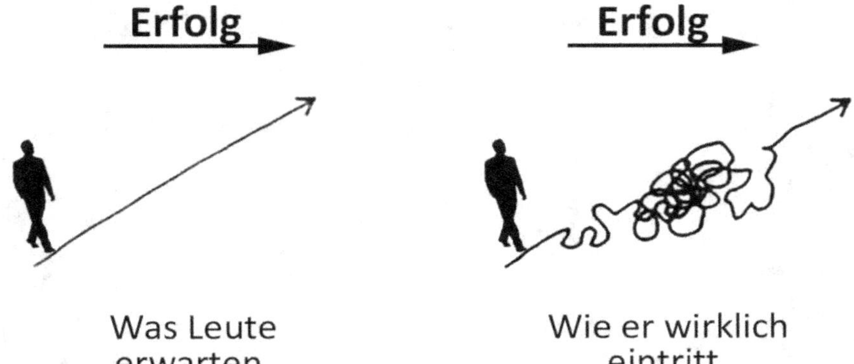

Abbildung 24 – Wie des Weg eines Betrunkenen auf dem Heimweg von einer Bar, kommt der Weg zum Erfolg typischerweise erst nach einer Reihe von Fehltritten und zufälligen Begegnungen, die nicht vorhersehbar sind.

Wie ein Betrunkener, der auf dem Heimweg von der Bar hin und her torkelt, ist der Weg zum Erfolg vergleichsweise serpentinenreich. Das Leben wird dir eine nicht enden wollende Abfolge von Chancen und Rückschlägen präsentieren. Während dieser Reise brichst du vielleicht die Schule ab, wechselst den Beruf, wanderst in ein neues Land aus, heiratest, lässt dich scheiden, bekommst Kinder, kündigst deinen Job oder gehst wieder an die Uni.

- Welche dieser Handlungen war ‚der richtige Schritt'? Welche war ‚der falsche Schritt'?
- Welche dieser Erfahrungen haben sich als Vorteil herausgestellt? Welche waren nahe an einem Unglück?
- Was war für das Scheitern deines Unternehmens verantwortlich?
- Was hat dir den Weg zum Erfolg geebnet?

Manchmal werden wir es nie wissen. Häufiger ist es vielleicht so, dass wir *glauben,* es zu wissen, aber unser Versuch, die Kausalkette vergangener Ereignisse zu quantifizieren, ist rein spekulativ.

Aus diesem Grund widmen wir uns bei Kaizen dem Streben nach *täglichem Fortschritt,* anstatt viel Zeit darauf zu verwenden, einen Kurs auf ein *unrealistisches* Ziel zu zeichnen. Wie der polnisch-amerikanische Philosoph Alfred Korzybski sagen würde: „Die Karte ist nicht das Gebiet."

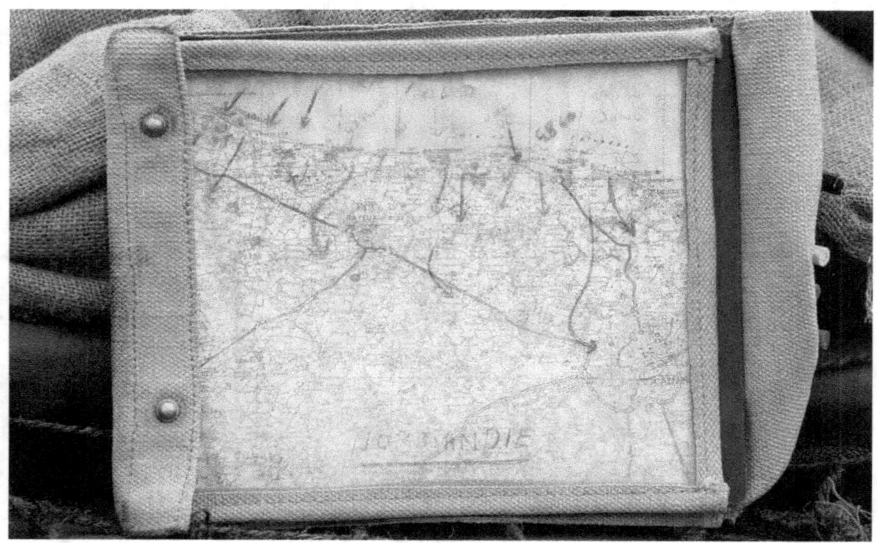

Abbildung 25 – Karte der alliierten Invasion in der Normandie, 6. Juni 1944. Feldoffiziere beginnen ihre Mission mit solchen Karten, aber sie müssen improvisieren und sich an die sich ständig ändernden Kampfbedingungen anpassen.

Jede Strategie, die wir zu formulieren versuchen, wird unweigerlich von den chaotischen Erfordernissen des Schlachtfeldes überlagert werden. Unsere besten Pläne verwandeln sich schnell in bloße Annäherungen an unsere großen Entwürfe. Wie Henry Mintzberg (Mitautor des bahnbrechenden Aufsatzes ‚Of Strategies, Deliberate and Emergent') schrieb:

„Eine Strategie entwickelt sich im Laufe der Zeit, wenn Absichten mit einer sich verändernden Realität kollidieren (und sich dieser anpassen)."

Gute Unternehmer müssen immer bestrebt sein, ihr Geschäft agil genug zu halten, um einen ‚besseren Weg' zu erkennen, wenn er sich zeigt. Zufällige Begegnungen können das Unternehmen in eine andere Richtung führen. Und oft erreicht das

Produkt, das aus dieser Kurskorrektur resultiert, einen Nutzen, der weit über das ursprüngliche Ziel seiner Urheber hinausgeht.

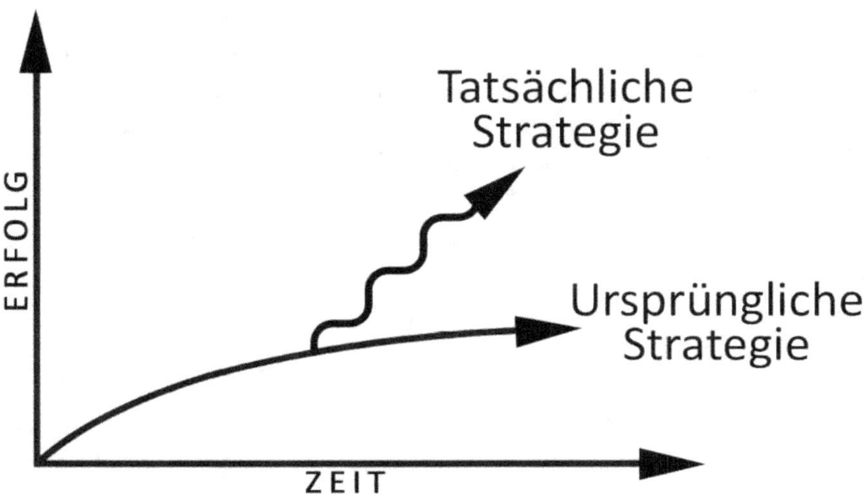

Abbildung 26 – Emergente Strategien neigen dazu, sich auf natürliche Weise aus beabsichtigten Strategien zu entwickeln, und führen oft zu glücklicheren Ergebnissen.

Das ist die evolutionäre Realität der Geschäftsinnovation. Wir könnten viele Stunden mit Marktforschung und -analyse verbringen – und versuchen, alle möglichen Eventualitäten zu berücksichtigen. Aber letztlich weiß niemand von uns wirklich, welche Geschäftsidee profitabel sein wird, bis jemand ‚einen Versuch' wagt und sich daran macht, sie umzusetzen.

Aus diesem Grund verstehen wir bei Kaizen, dass es keinen ‚Höhepunkt' gibt, der das Ende unseres Marsches markiert. Unser oberstes Ziel ist das Streben nach kontinuierlicher Verbesserung selbst. Unabhängig von unseren derzeitigen Umständen verpflichten wir uns, weiterzumachen. Wir platzieren einen Schuss nach dem anderen, und dann nochmals einen Schuss nach dem anderen. Und wenn wir genug Schüsse abgeben, wissen wir, dass einer davon zwangsläufig zum Siegtor führt.

Wie Leonard Mlodinow feststellte:

„Was ich vor allem gelernt habe, ist, immer weiter vorwärtszumarschieren... [Obwohl] der Zufall eine Rolle spielt, ist ein wichtiger Faktor für den Erfolg unter unserer Kontrolle: die Anzahl der Schüsse aufs Tor, die Anzahl der genutzten Chancen, die Anzahl der ergriffenen Möglichkeiten. Denn auch eine Münze, die auf Misserfolg gewichtet ist, landet manchmal auf Erfolg.“

Kapitel 9: Kaizen und deine Gesundheit

Reality-TV-Fans werden sich wahrscheinlich noch an die erfolgreiche Abnehm-Show *The Biggest Loser* erinnern. Die ursprüngliche Fassung der Serie debütierte im Herbst 2004 auf NBC und lief 17 Staffeln lang, bevor sie 2020 auf das USA Network wechselte. In Deutschland lief die Sendung zunächst 2009 auf ProSieben, wechselte dann für zwei Staffeln auf Kabel 1 und läuft seit 2012 auf Sat.1. Jede Woche treten zwölf übergewichtige Teilnehmer gegeneinander an, um den höchsten Prozentsatz an Körpergewicht im Vergleich zu ihrem Ausgangsgewicht zu verlieren. Am dramatischen Ende der Show zeigen Vorher-nachher-Bilder die erstaunlichen Körperveränderungen, die jeder Kandidat erreicht hat. Anschließend wird ein Preis an den Gewinner vergeben. Und alle gehen nach Hause.

Aber was passiert danach?

Forscher des US National Institute of Health konnten die Teilnehmer der 8. Staffel in den USA davon überzeugen, an einer Längsschnittstudie zur Gewichtsabnahme teilzunehmen. Die Ergebnisse überraschten selbst die erfahrenen Ernährungswissenschaftler. Die Mehrheit der *Biggest Loser-Teilnehmer* hat in den Monaten nach dem Finale der Show einen Großteil ihres verlorenen Körpergewichts wiedererlangt. Wie die New York Times-Autorin Gina Kolata berichtete:

„Was die Forscher schockierte, war das, was dann passierte: Während die Jahre vergingen und die Zahlen auf der Waage kletterten, erholte sich der Stoffwechsel der Teilnehmer nicht... Es

war, als ob ihre Körper die Teilnehmer wieder auf ihr ursprüngliches Gewicht bringen wollten."

Das große Geheimnis von *The Biggest Loser* ist, dass fast jeder Teilnehmer der Show irgendwann wieder übergewichtig wird. Das heißt, fast alle Kandidaten sind jetzt wieder dick.

Diese bestürzenden Ergebnisse verdeutlichen die Unzulänglichkeiten der herkömmlichen Zielsetzung. Vor allem Abnehmziele sind notorisch fehlbar. Der komplette Prozess sieht oft etwa so aus:

- Zunächst verpflichtet sich die übergewichtige Person, einige überschüssige Pfunde zu verlieren.
- Sie wählt dann ein Zieldatum, das oft mit einem bevorstehenden gesellschaftlichen Ereignis wie einer Hochzeit oder einem Klassentreffen übereinstimmt.
- Wenn der große Tag endlich gekommen ist, hat unsere Person entweder ihr Ziel nicht erreicht, oder sie zeigt freudig ihr neues Körpergewicht, damit alle es bewundern können.
- Dann, wenn die große Gala vorbei ist, ist auch der primäre Motivator für die Gewichtsabnahme unserer Testperson vorbei. Im Laufe der Wochen kehren die Pfunde zurück, und die Nadel auf der Waage kehrt in ihre alte Position zurück.

Die Schwachstellen bei der Zielsetzung sind leicht zu erkennen. Ein solches Ziel (z. B. Halten eines bestimmten Körpergewichts) erfordert tägliches Engagement ein Leben lang. Wenn die Motivation dafür durch ein Crescendo von sozialem Druck unterbrochen wird (wie bei einer Braut, die sich auf ihren Hochzeitstag vorbereitet, oder bei einer Teilnehmerin von *The Biggest Loser*), sind positive Ergebnisse oft nur von kurzer Dauer. Wenn die Party vorbei ist und die externen Treiber entfernt wurden, folgt bald der Ausfall.

Im vorigen Kapitel haben wir die Studie von Dr. Richard Wiseman aus dem Jahr 2007 über Neujahrsvorsätze erwähnt. Hier zeigte sich, dass 88 % der Vorsätze kurz nach dem Ende der Feiertage scheiterten. Aber wir haben es versäumt, ein kurioses Ergebnis der Studie zu erwähnen. Wenn sich die Teilnehmer auf ein ‚Wochenziel' statt auf ein einzelnes langfristiges Ziel festlegten, dann stieg ihre Erfolgschance um 22 %. Die Teilnehmer hielten sich eher an ihren

Neujahrsvorsatz, wenn die Aktivität in einem kleinen und messbaren Zeitrahmen durchgeführt werden sollte. Zum Beispiel hatte ein Ziel, ‚jeden Monat zwei Kilo zu verlieren', eine höhere Erfolgschance als einfach ‚dieses Jahr 10 Kilo abnehmen'.

Es ist genau diese Art von schrittweiser Veränderung, die die Kaizen-Methodik antreibt. Wenn du einen fitten Lebensstil annimmst und ein gesundes Körpergewicht ein Leben lang beibehalten willst, dann ist es *nicht* empfehlenswert zu hungern, um einen kurzfristigen Sieg zu erringen. Stattdessen erfordert das Erreichen eines solchen Ziels eine Verpflichtung zu täglichen Gewohnheiten. Natürlich geht es bei Kaizen genau darum.

In diesem Kapitel werden wir einige Tipps besprechen, die dir helfen, dein eigenes Kaizen-inspiriertes Ernährungs- und Fitnessprogramm zu entwickeln.

Teil 1: Gewichtsabnahme und Ernährung mit Kaizen

Tipp 1: Erstelle eine Liste mit allen ungesunden Lebensmitteln, die du täglich zu dir nimmst

Eine gute Ernährung hängt von deiner Bereitschaft ab, deinen Magen mit ‚guten Lebensmitteln' zu füllen und gleichzeitig die ‚schlechten Lebensmittel' zu vermeiden. Unzählige Listen mit gesunden und ungesunden Lebensmitteln sind im Internet zu finden – viele davon widersprechen sich gegenseitig. Aber es ist wahrscheinlich, dass du bereits eine ziemlich gute Vorstellung davon hast, welche Lebensmittel du *nicht* essen solltest.

Wenn wir in der Tiefkühlabteilung unseres örtlichen Supermarkts nach der Schachtel mit der Mikrowellenpizza greifen, wissen die meisten von uns, dass wir damit nicht die beste Ernährungsentscheidung treffen. Besonders in Amerika, aber auch bei uns in Deutschland, ist der Konsum von stark verarbeiteten Lebensmitteln beunruhigend. Dazu gehören:

1.   Chips
2.   Süßigkeiten
3.   Kuchen
4.   Kekse

5. Donuts
6. Eis
7. Pommes Frites
8. Döner
9. Instant-Nudeln
10. zuckerhaltige Erfrischungsgetränke

Es ist allgemein anerkannt, dass das Herausnehmen dieser zehn Elemente aus unserer Ernährung zu erheblichen gesundheitlichen Vorteilen für die Bevölkerung führen würde. Das soll nicht heißen, dass wir niemals einen Snack genießen sollten. Aber unser Ziel sollte es sein, den Konsum von stark verarbeiteten Lebensmitteln so weit wie möglich einzuschränken.

Wie verfolgen wir also dieses Ziel?

Wie der Management-Guru Peter Drucker zu sagen pflegte:

„Was gemessen wird, wird gemanagt."

Beginne also damit, ein Protokoll über jeden stark verarbeiteten Bissen zu führen, den du während der Woche zu dir nimmst. Mach die Aufgabe nicht kompliziert (du brauchst dafür keine App). Versuche stattdessen einen einfacheren Ansatz:

1. Führe stets einen Zettel mit dir und liste jedes ungesunde Lebensmittel auf, dem du im Laufe des Tages begegnest. Du kannst die oben aufgelisteten zehn Lebensmittelgruppen verwenden, wenn du dir nicht sicher bist, welche Lebensmittel du eintragen sollst.
2. Setze dann im Laufe der Woche jedes Mal ein Häkchen neben die Lebensmittelgruppe, wenn du eine Portion davon zu dir nimmst.
3. Wenn der Sonntag kommt, zählst du die Anzahl der Häkchen, die du auf deinem Blatt angesammelt hast.
4. Wenn eine neue Woche beginnt, ziehst du ein neues Blatt Papier heraus und wiederholst diesen Vorgang.

Unser Ziel ist es natürlich, die Anzahl der Häkchen zu reduzieren, die jede Woche auf der Seite erscheinen. Jedes neue Dokument ist eine neue Möglichkeit, die Gesamtzahl zu reduzieren – und damit die Menge an konsumierten verarbeiteten Lebensmitteln zu verringern. Natürlich kannst du die gleiche Methode auch verwenden, um die Anzahl der *gesunden Lebensmittel* zu erfassen, die du pro

Woche konsumierst. Setze zum Beispiel jedes Mal, wenn du eine Portion Brokkoli isst, ein Häkchen in der Kategorie ‚Gemüse'.

Es kann sein, dass du die Woche nie mit einer perfekten Bilanz beenden kannst – völlig frei von ungesunden Häkchen. Und du wirst es auch nicht wirklich wollen. Leckeres Essen zu probieren ist eine der vielen Freuden des Lebens. Dein Ziel sollte es jedoch sein, deinen täglichen Konsum von Junkfood zu überwachen und zu minimieren – bis sie zu einem gelegentlichen Snack werden und nicht mehr zu einem Hauptbestandteil deiner Ernährung.

Tipp 2: Ziehe deine Kalorien vor

Es gibt ein bekanntes Fitness-Prinzip (das von der Ernährungswissenschaftlerin Adelle Davis Mitte des 20. Jahrhunderts populär gemacht wurde), das besagt:

„Iss dein Frühstück wie ein Kaiser, dein Mittagessen wie ein König und dein Abendessen wie ein Bettler."

Leider ist es typisch für hektische Großstadtmenschen, das morgendliche Frühstück zu überstürzen und stattdessen auf dem Weg zur Arbeit oder zwischen den Meetings Junkfood zu verschlingen. Das Mittagessen könnte ähnlich hektisch verzehrt werden. Einige von uns versuchen, dieses Kaloriendefizit mit einem großen Abendessen zu kompensieren – oft bestehend aus Dönern oder Burgern beim Fernsehen.

Solche unerwünschten Essensrituale tragen möglicherweise zu steigendem Übergewicht bei. Mehrere Studien deuten darauf hin, dass die Stunde des Tages, zu der wir unsere Mahlzeiten einnehmen, ein Faktor für die Gewichtszunahme ist. Lediglich das Vorverteilen von Kalorien kann helfen, die Pfunde zu halten.

In einem Forschungsprojekt aus dem Jahr 2013, das von Daniela Jakubowicz von der Universität Tel Aviv geleitet wurde, wurden 93 übergewichtige oder fettleibige Frauen in zwei Gruppen eingeteilt und auf die gleiche kalorienarme Diät gesetzt. Nur die Portionsgrößen beim Frühstück und Abendessen variierten.

- Die ‚Big Dinner'-Gruppe erhielt ein 200-Kalorien-Frühstück und ein 700-Kalorien-Abendessen.

- Die ‚Big Breakfast'-Gruppe erhielt ein 700-Kalorien-Frühstück und ein 200-Kalorien-Abendessen.

Am Ende der zwölfwöchigen Studie hatten die Teilnehmer beider Gruppen Gewicht verloren, aber die ‚Big Breakfast'-Gruppe hatte 11 Pfund (ca. 5 kg) mehr abgenommen als die ‚Big Dinner'-Gruppe.

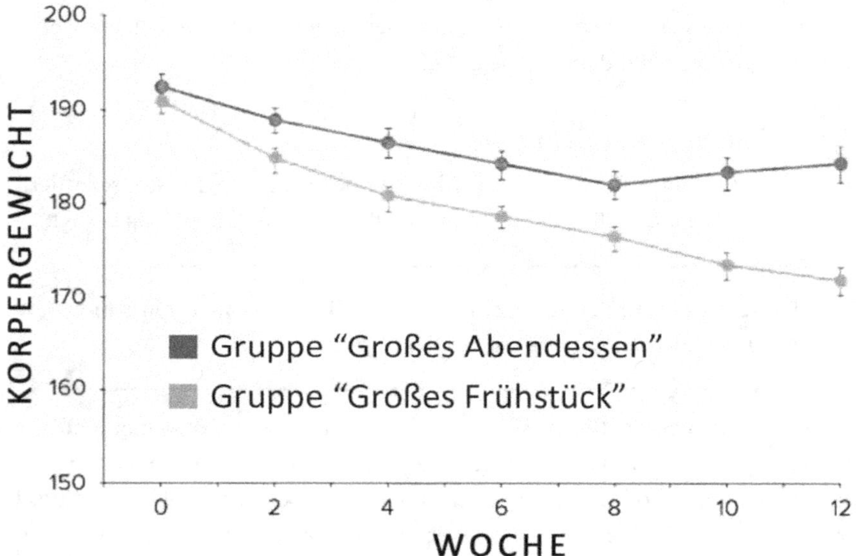

Abbildung 27 – Nach Abschluss eines zwölfwöchigen Abnehmprogramms verloren Probanden, die ein großes Frühstück, aber ein kleines Abendessen aßen, 11 Pfund (ca. 5 kg) mehr als die Probanden, die ein kleineres Frühstück, aber ein großes Abendessen aßen. (Quelle: Daniela Jakubowicz, Maayan Barnea, Julio Wainstein, Oren Froy (2013) High Caloric Intake at Breakfast vs. Dinner Differentially Influences Weight Loss of Overweight and Obese Women, doi:10.1002/oby.20460)

Kürzlich teilte eine Studie des *American College of Nutrition* aus dem Jahr 2014 42 Probanden in zwei Gruppen und gab ihnen ein ähnlich unterschiedliches Menü: Eine Gruppe nahm 45 % ihrer Kalorien beim Abendessen zu sich, während die andere Gruppe 35 % beim Abendessen aß. Auch hier verlor die ‚Small Dinner-Gruppe' mehr Gewicht, was die Forscher zu der Schlussfolgerung veranlasste:

Eine klare Ansage von Ärzten könnte lauten: „Wenn du abnehmen willst, iss morgens mehr als abends."

Natürlich sollten wir anmerken, dass das bloße Auslassen des Abendessens nicht unbedingt auf einen gesunden Lebensstil hindeutet. Personen, die sich in einer stressigen Umgebung befinden, könnten den ganzen Tag über Snacks zu sich nehmen und dann das Abendessen aufgrund von Müdigkeit auslassen. Offensichtlich ist diese Art von Lebensstil nicht ideal. Egal, zu welcher Zeit du isst, du solltest unabhängig davon versuchen, deinen Magen mit gesunden Lebensmitteln zu füllen. Aber das Vorverlagern von Kalorien scheint die metabolische Verarbeitung zu unterstützen und könnte helfen, die Gewichtszunahme zu mildern.

Tipp 3: Reduziere die Zeit, die du im Sitzen verbringst

Unabhängig davon, wie viel Zeit du im Fitnessstudio verbringst, sollte körperliche Fitness ein fester Bestandteil deines täglichen Lebens sein. Leider pendeln Stadtbewohner oft mit dem Auto zur Arbeit, erklimmen die Parkhausetagen mit der Rolltreppe und fahren dann mit dem Aufzug in eine Büroetage. Auf diese mühelose Wanderung folgen acht Stunden Sitzen auf einem Schreibtischstuhl.

Die Anforderungen der modernen Welt fordern uns nicht regelmäßig auf, unsere Muskeln zu benutzen. Aber durch kleine Änderungen des Lebensstils können wir die Anzahl der täglichen körperlichen Aktivitäten erhöhen. Hier sind ein paar Vorschläge:

- **Stehe während des Arbeitstages mehr auf.** Um den gesundheitsschädlichen Auswirkungen des ganztägigen Sitzens am Schreibtisch entgegenzuwirken, versuche, deine Arbeitsaufgaben in einem erhöhten Zustand auszuführen. Du kannst in Erwägung ziehen, bei einigen Tätigkeiten während des Arbeitstages zu stehen, z. B. beim Telefonieren, beim Warten auf den Drucker, beim Abrufen von E-Mails, beim Durchführen von Besprechungen oder beim Essen. Wenn du es mit dem Stehen ernst meinst, solltest du den Schritt wagen und deinen Bürotisch gegen einen ‚Steh-Schreibtisch' eintauschen.

- **Parke dein Auto weiter entfernt von deinem Ziel**. Wenn du jeden Tag zur Arbeit pendelst, solltest du dein Auto so weit wie möglich vom Haupteingang deines Arbeitsgebäudes entfernt parken – so kannst du ein paar Kalorien verbrennen und dir nach der morgendlichen Anfahrt die Beine vertreten. Nutze diesen Trick nicht nur auf dem Büroparkplatz, sondern auch an anderen Orten, z. B. beim wöchentlichen Besuch im Supermarkt oder im Einkaufszentrum. Idealerweise kannst du dein Auto so parken, dass du an jedem Zwischenziel ein wenig Bewegung bekommst. Wenn das Wetter es zulässt und der Ort in der Nähe ist, kannst du natürlich auch zu Fuß oder mit dem Fahrrad zu deinem Ziel gelangen.

- **Vermeide Aufzüge und nimm die Treppe**. Jedes Gebäude mit einem Aufzug hat auch eine Treppe. Ziehe also letztere dem ersteren vor. Wenn dein Büro oder deine Wohnung zu hoch liegen sollten, um sie allein über die Treppe zu erreichen, dann nutze die Treppe nur für einen Teil des Weges und überlege dann, ob du jede Woche schrittweise weitere Stufen hinzufügst.

- **Wähle eine Sportart oder ein Hobby, das körperliche Aktivität erfordert**. Intensive körperliche Anstrengung macht viel mehr Spaß, wenn sie in Form eines Wettbewerbs erfolgt. Wenn Intervalltraining und Bodybuilding nicht dein Ding sind, gibt es andere Möglichkeiten, ein gesundes Training zu absolvieren. Spielst du Tennis oder Fußball? Hast du schon einmal daran gedacht, dich einer Wandergruppe anzuschließen, einen Tanzkurs zu besuchen oder mit der Gartenarbeit zu beginnen? Wenn du positive Emotionen bei der Durchführung einer bestimmten Outdoor-Aktivität fördern kannst, dann wird der Akt der Anstrengung nicht so zermürbend sein. Vielleicht freust du dich sogar darauf.

Tipp 4: Nutze die Psychologie, um den Hunger zu zügeln

Wie so vieles in der asiatischen Philosophie wurden viele Kaizen-Prinzipien entwickelt, um die Besonderheiten der menschlichen Psyche zu ergänzen. Wir tun gut daran, uns der unzähligen Synapsen bewusst zu werden, die in den Tiefen unseres Gehirns ständig aktiv sind. Das Sättigungsgefühl wird durch komplexe Schaltkreise hervorgerufen, die durch verschiedene Formen von externen Reizen ausgelöst werden können. Wenn du in dich hineinblickst, solltest du in der Lage sein, die Reize zu notieren, die dich am meisten beeinflussen. Wenn du jedes Mal beim Vorbeigehen an der Keksdose nach einem 200-Kalorien-Schoko-Chip-

Cookie greifst, solltest du dann wirklich eine Keksdose im Haus haben? Dies führt zu unserem ersten Tipp:

- **Bewahre keine ungesunden Snacks in deiner Nähe auf.** Eine der einfachsten Möglichkeiten, sich selbst davon abzuhalten, kalorienreiches Junkfood zu naschen, besteht darin, es einfach unzugänglich zu machen – d. h., lagere keine Tüten mit Chips, Süßigkeiten oder Keksen in deiner Wohnung. Das soll nicht heißen, dass dir diese Sachen bis auf alle Ewigkeit verwehrt bleiben müssen. Kaufe sie in kleinen Portionspackungen und verbrauche sie sofort nach dem Kauf. Indem wir uns auf diese Regel berufen, schaffen wir einen Puffer zwischen deinem Appetit und dem ungesunden Essen deiner Begierde. Je mehr Meter sich zwischen dir und der Süßigkeit befinden, desto unwahrscheinlicher ist es, dass du sie isst. Brian Wansink (Autor von ‚Essen ohne Sinn und Verstand: Wie die Lebensmittelindustrie uns manipuliert'; im englischen Original: *‚Mindless Eating: Why We Eat More Than We Think')* ist berühmt dafür, dass er Süßigkeitenschalen in die Nähe der Schreibtische von Büroangestellten stellt und dann aufzeichnet, wie sie während des Arbeitstages Hunderte von mikronährstoffarmen Kalorien zu sich nehmen. Es ist schwierig für dein limbisches System, einen so leckeren Reiz zu ignorieren – besonders, wenn er so nahe an deiner Hand liegt. Also setz dein Gehirn damit nicht unter Druck. Halte dich stattdessen an das alte Sprichwort: „Aus den Augen, aus dem Sinn."
- **Trink mehr Wasser.** Das Gehirn hat Schwierigkeiten, zwischen einem Magen voller Nahrung und einem Magen voller Wasser zu unterscheiden. Ein volles Glas Wasser (etwa 350 Milliliter) vor jeder Mahlzeit zu trinken, kann helfen, das Sättigungsgefühl anzuregen.
- **Gib deinem Gehirn eine Minute, um mit deinem Magen gleichzuziehen.** Achte auf die Verzögerung, die zwischen dem Herunterschlucken jedes Bisses und dem Einsetzen der Sättigung besteht. Es wird allgemein berichtet, dass es zwanzig Minuten dauert, bis man das Gefühl der Sättigung erfährt. Aber die Zeit wird von vielen Faktoren abhängen, einschließlich deiner persönlichen Physiologie und der Zugänglichkeit und Neuartigkeit des Essens auf dem Tisch vor dir. Wenn du gerade ein Stück Kuchen verschlungen hast und schon ein zweites Stück ins Auge nimmst, versuche stattdessen, es aus deinem Blickfeld zu entfernen und triff eine Abmachung mit dir selbst – gib dir die Erlaubnis, das zweite Stück zu essen, wenn du in zwanzig Minuten

immer noch hungrig sein solltest. Wenn die zwanzig Minuten um sind, ist der Reiz vielleicht schon vorbei.

- **Lass dein Restaurantessen einpacken**. Die Einzelhandelsumsätze für US-Restaurants und Bars überholten im Januar 2015 die Umsätze von Lebensmittelgeschäften. Das bedeutet, dass die Amerikaner mittlerweile mehr Geld *für auswärtiges Essen im Restaurant* ausgeben als für das *Essen zu Hause*. Wenn wir in einem Restaurant oder Fastfood-Restaurant essen, ist es ganz natürlich, dass wir alle Lebensmittel auf dem Teller aufessen wollen. Aber angesichts der Absurdität heutiger Portionsgrößen gibt es meist zu viel zu essen. In fast jeder Lebensmittelkategorie sind die Portionsgrößen gestiegen – oft werden sie in Mengen serviert, die drei- bis achtmal größer sind als eine Standard-Portion sein sollte. Herkömmliche Diät-Ratschläge würden vorschlagen, dass wir einfach weniger Nahrung zu uns nehmen – unabhängig von der Menge, die uns vorgesetzt wird. Aber es ist schwer zu rationalisieren, das Restaurant zu verlassen, wenn noch eine bereits bezahlte, halbe Portion auf dem Teller liegt. Um diesen widersprüchlichen Emotionen Rechnung zu tragen, mache es dir zur Gewohnheit, jedes Mal, wenn du auswärts essen gehst, nur einen Teil deiner Mahlzeit zu verdrücken. Da die Kartons im Restaurant in der Regel nicht luftdicht sind, solltest du für die Mittagspause eine kleine Tupperbox mitnehmen. Und bestelle dir dein Essen mit der Absicht, einen Teil davon mit nach Hause zu nehmen. Wir wollen es uns zur Gewohnheit machen, die Standardportionsgröße im Restaurant zu reduzieren – zumindest, wenn es logistisch möglich ist und der Anstand es zulässt.

Tipp 5: Mache das Messen deiner Fortschritte zum Ritual!

Wie in Kapitel 5 besprochen, fordert uns das sechste Kaizen-Prinzip dazu auf, das Messen der Fortschritte zum Ritual zu machen. Dieses Prinzip ist natürlich umso wichtiger, wenn es um die Kontrolle der persönlichen Abnehmziele geht. Ein typisches Diätprotokoll besteht oft aus wöchentlichem Wiegen oder täglichem Kalorienzählen. Es gibt aber noch viele andere Kontrollmethoden. Folgendes könntest du an dir messen:

- Body Mass Index (BMI)
- Taillenumfang

- Geschätztes Körperfett (unter Verwendung von Messschiebern, bioelektrischer Impedanz / ‚intelligenten Waagen' oder hydrostatischem Wiegen)
- Oder du könntest sogar versuchen, deinen Körper einmal im Monat zu fotografieren.

Sei dir stets bewusst, dass die Schätzung des Körperfetts und die Messung des Ernährungsfortschritts notorisch fehleranfällig sind. All diese Methoden sind kritisch zu betrachten und unterliegen erheblichen Fehlberechnungen. Aber für eine konventionelle Gewichtsabnahme ist das in Ordnung. Unser Ziel ist es nicht, einen Doktortitel in Ernährungswissenschaft zu erwerben. Stattdessen ist es unser Ziel, ein tägliches Ritual zu schaffen, bei dem dein Verstand jedes Mal, wenn du auf die Waage steigst, den Körperfettmesser herausziehst oder die Kalorienzahl eines halben Hähnchens notierst, dass du gleich essen wirst, an deine Verpflichtung zur Gewichtsabnahme erinnert wird.

Selbst wenn die Fehler in deinen Messungen beträchtlich sind, sind die Werte immer noch nützlich, solange sie (zumindest) *in die richtige Richtung* zeigen. Wenn du im Laufe der Monate eine (vielleicht unruhige, aber immer kleiner werdende) Linie auf deinem Fortschrittsdiagramm siehst, wird es dich motivieren, dein Programm durchzuhalten. Wenn du lernst, deinen Ernährungsstil zu managen, musst du zuerst lernen, wie du die unerwünschten Ernährungseinflüsse messen kannst, die zu diesem Zustand geführt haben. Erinnere dich noch einmal an unser Peter Drucker-Zitat:

„Was gemessen wird, wird gemanagt."

Teil 2: Körperliche Fitness mit Kaizen

Während wir unser Gewicht über die Nahrungsaufnahme ziemlich gut regulieren können, müssen die Muskeln unseres Körpers durch Widerstand so stimuliert werden, dass wir auch unsere Ziele hinsichtlich Kraft und Fitness erreichen können. Für den größtmöglichen Effekt müssen wir uns zu einem täglichen, langfristigen Training verpflichten – etwas, wozu nur die wenigsten von uns die entsprechende Willenskraft und das Durchhaltevermögen aufbringen.

Diejenigen, die es schaffen, die Motivation aufzubringen, ins Fitnessstudio zu gehen, werden oft durch Werbung mit durchtrainierten Models, Sportlern oder muskulösen Marvel-Superhelden inspiriert. Ein Mensch mit Gewichtsproblemen könnte Jason Momoas beeindruckenden Körperbau im Film *Aquaman* sehen und dann in sein örtliches Fitnessstudio rennen, um eine Mitgliedschaft auf Lebenszeit zu verlangen. Doch kurz nach dem Betreten des gummierten Bodens beginnt sich die Euphorie seiner spontanen Entscheidung zu verflüchtigen. Vielleicht merkt er bald, dass das wiederholte Heben von irgendwelchen Eisenstangen langweilig, schwierig und anstrengend ist. Wenn diese Müdigkeit in Apathie umschlägt, verliert er vielleicht die Lust, jeden Abend nach der Arbeit ins Fitnessstudio zu fahren. Schließlich wird die einzige Erinnerung an sein anfängliches Engagement eine unbenutzte Mitgliedskarte für das Fitnessstudio sein, die nun verlassen in den Tiefen seiner Brieftasche liegt.

Menschen sind gut darin, den Wert eines fertigen Produkts zu erkennen. Aber lausig darin, die Anzahl der Schritte zu erkennen, die für dessen Konstruktion und Entwicklung erforderlich sind. Die raffinierte Anziehungskraft der gemeißelten Brust eines Prominenten täuscht über die zermürbenden Arbeitsstunden hinweg, die für deren Entstehung nötig waren. Mehrere Monate vor den Dreharbeiten verlangte Jason Momoas Trainingsplan fünf Tage pro Woche Krafttraining und mehrere Cardio-Aktivitäten, darunter Bergsprints und Klettern. Dieses Maß an Anstrengung resultierte in einem erstaunlichen Körper, der ungefähr so lange durchhielt, wie er gebraucht wurde – vom ersten Drehtag bis zur abschließenden Fotosession für das Filmplakat und die Marketingmedien. Wenn die Show vorbei ist, gehen unsere Superhelden nach Hause. Die Betreuer, die sie jeden Morgen durch die Türen der Turnhalle geführt haben, sind schon wieder unterwegs, um an einem anderen Film zu arbeiten. Infolgedessen türmen sich die Pfunde auf, und ihre täglichen Wiederholungen nehmen ab. Wie Momoa selbst sagte:

„Ich gehe nicht gerne [ins] Fitnessstudio [und] ich rühre kein Gewicht an, es sei denn, man bezahlt mich dafür ...”

Was sind deine persönlichen Fitnessziele?

Es gibt zwar einige Männer, die es schaffen, ein Leben lang einen Superhelden-Körperbau beizubehalten, aber die meisten von uns sind besser dran, wenn sie realistischere Ziele verfolgen. Im folgenden Abschnitt werden wir besprechen, wie du ein persönliches Fitnessprogramm mithilfe der Kaizen-Methode aufbauen kannst. Aber sei gewarnt:

- Kaizen ist kein guter Ansatz für Krafttraining, wenn du kurz davor bist, in einem Hollywood-Superheldenfilm mitzuspielen.
- Kaizen-Techniken werden nicht anwendbar sein, wenn du nächsten Monat an einem Bodybuilding-, Box- oder MMA-Wettbewerb teilnimmst.
- Mit Kaizen kommt man nicht zu den Olympischen Spielen.

Stattdessen ist der Kaizen-Ansatz für den Rest von uns; für diejenigen, die auf ewig fit bleiben wollen. Und für diejenigen, die bereit sind, sich zu verpflichten, ein Leben lang täglich Krafttraining zu betreiben. Die folgenden vier Tipps beschreiben, wie du Kaizen auf diese Ziele anwenden kannst.

Tipp 1: Schließ *keine* Mitgliedschaft im Fitnessstudio ab

Irgendwann in deinem Leben hattest du wahrscheinlich Zugang zu einem Fitnessstudio oder hast für eine Mitgliedschaft in einem Fitnessstudio bezahlt. Und wahrscheinlich bist du auch nicht regelmäßig hingegangen.

Woher ich das wohl weiß?

Im Januar 2020 befragte die Verbraucher-Vergleichs-Website Finder.com 2400 US-Erwachsene zu ihrer Nutzung von Fitnessstudio-Mitgliedschaften. Bei der Zusammenfassung ihrer Daten berichtete Finder, dass satte 49 % der Mitglieder zugaben, das Fitnessstudio nur einmal pro Woche oder nie zu nutzen. Noch entmutigender ist, dass die Amerikaner nach Schätzungen von Finder jedes Jahr etwa 1,8 Milliarden Dollar für Mitgliedschaften in Fitnessstudios verschwenden, die überhaupt nicht genutzt werden.

- Warum also zahlen so viele Amerikaner für einen Service, den sie nur selten nutzen?
- Was hält diese Menschen davon ab, jeden Abend nach der Arbeit ins Fitnessstudio zu gehen?
- Warum schaffen es so viele von uns nicht, ihre Krafttrainingsziele zu erreichen?

Denk daran: Wenn wir einen Kaizen-Ansatz zur Problemlösung wählen, treten wir zunächst einen Schritt zurück und beobachten die aktuellen Ineffizienzen des

Prozesses. Denk an die vielen bekannten Reibungspunkte, die eine Mitgliedschaft im Fitnessstudio mit sich bringt:

- Erstens sind Fitnessstudios selten zu Fuß von der Wohnung des Mitglieds aus erreichbar. Das bedeutet, dass man sich in sein Auto setzen oder aufs Fahrrad schwingen und zum Gebäude fahren muss. Am Ort des Geschehens angekommen, heißt es, das Auto zu parken, die Sporttasche zu schnappen und zum Vordereingang zu marschieren. All diese Schritte benötigen Zeit. Oft kann die Fahrt zum Fitnessstudio mehr Zeit in Anspruch nehmen als das Training selbst.

- Sobald unser Mitglied einen Fuß durch den Haupteingang des Fitnessstudios setzt, gehen die Probleme weiter. Vielleicht muss er sich für einen komplizierten Check-in-Prozess anstellen und dem unausstehlichen Personal seinen Ausweis zeigen. Als Nächstes kommt der Umkleideraum, in dem unser Mitglied seine Schlüssel, sein Handy und seine Sporttasche verstauen muss. Dann muss er seine Trainingskleidung anziehen.

- Wenn er schließlich in der Sporthalle ankommt, muss unser Mitglied den kritischen Blicken seiner Mitstreiter trotzen. Während es wahrscheinlich ist, dass niemand überhaupt weiß, dass er da ist, neigt der ängstliche Verstand zu der Annahme, dass jeder den athletischen Körperbau (oder das Fehlen eines solchen) der anderen bewertet.

- Unser Mitglied schlendert zur Kraftmaschine, muss die Schweißreste des vorherigen Benutzers wegwischen und dann mit seinen Manövern beginnen – in der Hoffnung, dass die anderen (vermeintlich erfahreneren) Mitglieder seine Anfängerform und -technik nicht wahrnehmen und kritisieren.

- Wenn das Training beendet ist, ist es Zeit für unser Mitglied, die Anlage zu verlassen. Er muss alle oben genannten Schritte in umgekehrter Reihenfolge durchführen: seine Ausrüstung schnappen, sich umziehen, wieder in sein Auto steigen und die lange Heimreise antreten.

Bei der Betrachtung der vorangegangenen Schritte wird deutlich, dass unser Mitglied eine kolossale Menge an Zeit und Mühe aufwenden muss, um seinen Körper lediglich ins Fitnessstudio zu bewegen. Diese Ineffizienz ist ein perfektes Beispiel für den ersten der ‚Sieben Mudas', die im vorherigen Kapitel besprochen wurden. ‚Verschwenderische Bewegung' liegt vor, wenn der Arbeiter einen Umweg gehen muss, um ein Produkt zu erzeugen. Wenn du z. B. zwei Stunden deines Lebens damit verbringst, ein 20-minütiges Training zu absolvieren, dann sind deine Bemühungen *verschwendet*.

Darüber hinaus ist das typische Schema einer Fitnessstudio-Mitgliedschaft mit Hindernissen beladen, die dazu tendieren, unerwünschte mentale Auslöser hervorzurufen. Wenn die Aufgabe, ‚ins Fitnessstudio zu gehen', physisch und psychisch anstrengend ist, wird dein limbisches System versuchen, dich davon abzuhalten, diesen Weg zu verfolgen, indem es sich eine Million Ausreden ausdenkt:

- Es ist zu viel Verkehr auf der Straße.
- Es ist nicht genug Benzin im Auto.
- Heute ist es zu heiß.
- Heute ist es zu kalt.
- Es wird regnen.
- Es schneit.
- Es ist Sonntag.
- Deine Lieblingssendung läuft im Fernsehen.
- Dein Freund kommt zu Besuch.
- Du musst morgen früher zur Arbeit aufstehen.
- Du willst vor einem Date nicht schwitzen.
- Du willst vor dem Zubettgehen nicht schwitzen.
- Du schwitzt sowieso nicht gerne.

Es ist schwierig für das Gehirn, die notwendige Willenskraft aufzubringen, um all die täglichen Tragödien des Lebens zu bewältigen, und dann noch genug Disziplin übrig zu haben, um in ein stinkendes Gebäude zu fahren und eine Stunde lang Eisenplatten zu heben. Das ist der Grund, warum die meisten von uns ihre Mitgliedskarten für das Fitnessstudio nie benutzen. Und warum fast alle von uns irgendwann abbrechen.

Ziemlich enttäuschend …

Aber es gibt eine alternative Lösung für unser Dilemma.

Tipp 2: Errichte dein eigenes ‚Home-Gym'

Die vielen systembedingten Einschränkungen eines konventionellen Fitnessstudio-Mitgliedschaftsmodells machen den Gang ins Fitnessstudio zu einem ineffizienten und langwierigen Prozess. Aber du kannst diese Nachteile vermeiden, indem du dein eigenes ‚Home-Gym' entwirfst.

Keine Sorge, wir reden hier nicht davon, einen Bauunternehmer zu beauftragen, um einen zusätzlichen Raum an dein Haus anzubauen. Stattdessen besteht dein ‚Home-Gym' vielleicht nur aus ein paar Hanteln, die in einer Ecke deiner Wohnung stehen. Indem wir uns einen Bereich schaffen, der dem Sport gewidmet ist, hoffen wir, einige der vielen Hindernisse zu beseitigen, die uns davon abhalten, unser abendliches Workout zu absolvieren.

Kritiker der ‚Home-Gym'-Methode werden schnell anmerken, dass die bloße Einrichtung eines Home-Gyms keine Garantie für dessen Nutzung ist. Garagen fungieren oft als Friedhöfe für versteinerte Trainingsgeräte – Metallgeräte, die vor langer Zeit und für viel Geld gekauft wurden, aber nur ein einziges Mal benutzt wurden.

Warum also passiert das?

Warum bleiben so viele Heimtrainingsgeräte ungenutzt? Was hat dich davon abgehalten, das 400-Euro-Trainingsgerät aufzubauen, das du vor zehn Jahren im Fachmarkt gekauft hast?

Genauso wie das herkömmliche Modell einer Mitgliedschaft im Fitnessstudio viele potenzielle Fallstricke hat, gilt dies auch für den Ansatz des Fitnessstudios zu Hause. In diesem Abschnitt werden wir besprechen, wie unsere Bemühungen, zu Hause zu trainieren, oft durch zwei häufige Fehler beim Design von Fitnessstudios vereitelt werden:

1. Eine schlecht ausgewählte Trainingsumgebung
2. Schlecht ausgewählte Trainingsgeräte

Fehler Nr. 1: Eine schlecht ausgewählte Trainingsumgebung

Bei der Konstruktion des persönlichen Fitnessstudios zu Hause machen die Leute oft den Fehler, ihre neu gekauften Fitnessgeräte in dem am wenigsten wünschenswerten Raum im Haus zu platzieren – z. B. in einer Garage, einem Lagerschuppen, einem Arbeitsraum, einer Veranda oder einer Terrasse im Hinterhof. Aber die Positionierung von Fitnessgeräten in einem abgelegenen Teil deines Zuhauses führt oft dazu, dass du deine Trainingsverpflichtungen in einen abgelegenen Teil deines Geistes abschiebst. Sieht deine Garage etwa so aus wie auf dem folgenden Foto?

Abbildung 28 – Ein zusammenklappbarer Heimtrainer steht unbenutzt in dieser überfüllten und schmutzigen Garage.

Hier verstaubt ein einsamer Heimtrainer neben dem Familienauto. Er liegt eingekeilt zwischen einer Tasche mit Golfschlägern und einer Schachtel mit Weihnachtsschmuck. Dieses Bild ist die Quintessenz einer schlechten Unterbringung für ein Fitnessstudio zu Hause. Um zu verstehen, warum dies der Fall ist, betrachte die vielen Fragen, die die meisten Menschen bei der Konstruktion ihres Heimtrainingsbereichs nicht berücksichtigen.

- Wird der Standort im Winter zu kalt? Oder zu heiß im Sommer?
- Gibt es im Trainingsbereich einen schlechten Geruch oder eine schlechte Luftzirkulation?
- Wird es zu laut, wenn die Waschmaschine läuft?
- Ist es zu feucht, wenn der Trockner läuft?
- Fehlt im Trainingsbereich eine Form der Unterhaltung wie TV, Radio oder Medienstation?
- Ist der Bereich zu klein? Schabt deine Bankdrückstange an der Wand entlang, wenn du Wiederholungen ausführst?
- Kannst du wirklich trainieren, während das Auto in der Garage geparkt ist? Oder nur, wenn es in der Einfahrt steht?

Dein limbisches System wird jedes dieser kleinen Ärgernisse als Ausrede benutzen, um *nicht* zu trainieren. Wenn du jedes Mal vor der Nutzung deines Heimtrainers das Familienauto rausfahren musst, wirst du ihn garantiert *nicht* benutzen.

Der Weg zu deinem Home-Gym muss frei von Hürden und Hindernissen aller Art sein. Denn:

Je mehr Hindernisse zwischen dir und deinem Trainingsgerät stehen, *desto geringer* ist die Wahrscheinlichkeit, dass du das Trainingsgerät tatsächlich benutzen wirst.

Deshalb sollte dein Heimtrainingsgerät in der Nähe der Räume stehen, in denen sich das Leben abspielt – typischerweise in der Küche, im Schlafzimmer oder im Home-Office. Wenn du den Heimtrainer auf dem folgenden Bild betrachtest, solltest du erkennen können, wie sein Standort seine Nutzung erleichtert – besonders im Vergleich zu dem Fahrrad auf unserem vorherigen Garagenfoto.

Abbildung 29 – In diesem Home-Office befindet sich der Heimtrainer in unmittelbarer Nähe des Arbeitsplatzes des Besitzers. (Peloton Interactive, Inc.)

Dein Trainingsbereich sollte *Teil deines Lebens sein* – nicht davon getrennt. Deine Heimtrainingsgeräte sollten sich in dem Raum befinden, in dem du dich am wohlsten fühlst – vorzugsweise in einem gut begehbaren und klimatisierten Bereich, den du häufig nutzt, auch wenn du nicht trainierst.

Durch die Integration der Trainingsaufgabe in deine anderen täglichen Lebensfunktionen sollen die mentalen Hürden verringert werden, die zwischen dir und der Ausführung deiner Trainingsroutine liegen. Wenn tägliche Fitness zur Gewohnheit wird, sollte das Starten des Heimtrainings nicht mehr Willenskraft erfordern als das Starten der heimischen Mikrowelle.

Fehler Nr. 2: Schlecht ausgewählte Trainingsgeräte

Wenn du es geschafft hast, einen geeigneten Trainingsort zu finden, ist es an der Zeit, deine Heimtrainingsgeräte auszuwählen. Wenn du durch die Fitness-Abteilung deines Lieblingsgroßmarktes schlenderst oder dir entsprechende Werbung anschaust, wirst du viele Bauchmuskeltrainer und Trainingsgeräte von fragwürdiger Qualität sehen. Du solltest so ziemlich jedes dieser Geräte vermeiden – vor allem diejenigen, die behaupten, ‚faltbar' oder ‚tragbar' zu sein. Um den Grund dahinter zu verstehen, probiere einmal, die Trainingsaufgabe aus der Perspektive deines limbischen Systems wahrzunehmen. Erinnere dich an das Sprichwort, das weiter oben in diesem Buch besprochen wurde:

Die Aufgabe deines Gehirns ist es sicherzustellen, dass du überlebst, nicht dass du abhebst.

Dein limbisches System versteht nicht, warum du es aufforderst, Metallstangen zu heben oder auf der Stelle zu laufen. Kein wildes Tier ist hinter dir her. Keine Räuberbande macht Jagd auf dich. Warum läufst du dann weg?

Wenn dein limbisches System in Ruhe ist, möchte es am liebsten in Ruhe bleiben. Es entwickelte sich in einer Zeit, in der die Nahrung knapp war. Kostbare Kalorien für dein dummes neues Fitness-Hobby zu verbrauchen, ist also kein Projekt, das es als risikoreich ansieht. Folglich wird es jede potenzielle Ausrede nutzen, um dich davon abzuhalten, die Trainingsaufgabe zu starten. Aus diesem Grund haben wir im vorherigen Abschnitt darauf geachtet, die vielen potenziellen Knackpunkte zu identifizieren, die die Willenskraft herausfordern, wenn es um traditionelle

Fitnessstudios geht. Natürlich müssen wir bei der Errichtung unseres Home-Gyms auf ähnliche Hindernisse Rücksicht nehmen.

Vermeide den Kauf von Fitnessgeräten, die erst dann benutzt werden können, wenn sie ausgefahren, neu positioniert, abgeschraubt, verstaut oder ausgeklappt sind. Vier Beispiele für solche Maschinen haben wir in der folgenden Abbildung aufgeführt.

Trainingsgeräte, die du NICHT kaufen solltest.

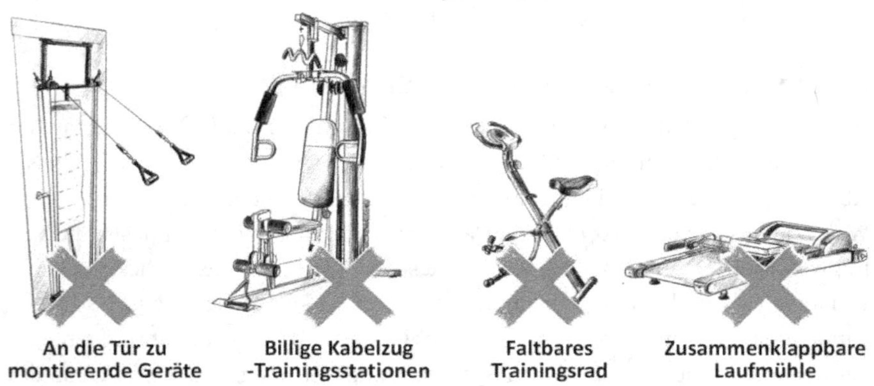

Abbildung 30 – Fitnessgeräte für zu Hause sind oft schlecht konstruiert und erfordern einen mühsamen Einrichtungsprozess, der sie für den täglichen Gebrauch ungeignet macht.

Die meisten von uns haben bereits Erfahrungen mit mindestens einem dieser Geräte gemacht.

- An die Tür zu montierende Trainingsgeräte (vor allem Gummibänder) sind unansehnlich, und der Einrichtungsprozess macht oft die Tür selbst unbrauchbar.
- Komplexe Seilzugmaschinen (Home-Gym-Workstationen) sind notorisch schwierig einzurichten und bestehen aus einem Sammelsurium von Drähten und Rädern, die bekanntermaßen fehleranfällig sind.
- Zusammengeklappte Heimtrainer bleiben meist zusammengeklappt im Schrank.
- Und: Zusammengeklappte Laufbänder bleiben meist zusammengeklappt unter dem Bett liegen.

Außerdem neigen Geräte von geringer Bauqualität dazu, sich während des Betriebs zu winden oder zu verbiegen. Billige Laufbänder wackeln, Fahrradpedale drehen sich nicht, Kabel fließen nicht, und Umlenkrollen drehen sich nicht. Wenn deine Ausrüstung es nicht ermöglicht, jede Bewegung in einer soliden und flüssigen Abfolge auszuführen, dann wird dein Gehirn dich davon abhalten, die Übung auszuführen.

Welche Art von Trainingsgeräten solltest du also kaufen?

Wenn du zum ersten Mal in die Welt des Fitness- oder Krafttrainings eintauchst, solltest du die Dinge einfach halten. Widersteh der Versuchung, komplizierte Trainingsgeräte zu kaufen. Mit einem einzigen Satz Kurzhanteln und einer verstellbaren Bank kannst du ein Ganzkörpertraining absolvieren.

Abbildung 31 – Eine Kurzhantelablage und eine Bank ist alles, was du für ein Ganzkörpertraining benötigst.

Unzählige Kurzhantel-Workouts können online gefunden werden. Viele sind auf Menschen ausgerichtet, die nur eine minimale Fitnessausrüstung und wenig Zeit zur Verfügung haben. Wenn du einen Tipp haben möchtest, schau dir Jeff Cavaliere von Athlean-X Fitness an. Er verkauft Trainingsprogramme über seine Website, aber du kannst viele kostenlose Hantel-Workouts auf seinem YouTube-Kanal finden – der (zum Zeitpunkt der Erstveröffentlichung) unglaubliche 11 Millionen Abonnenten angesammelt hat.

Aber unabhängig davon, für welche Art von Training du dich entscheiden solltest – lass dich niemals von der Informationsflut davon abhalten, sofort zu handeln. Bei der Planung deines Heimtrainings sollte dein anfängliches Ziel auf den *Aufbau von Gewohnheiten und* nicht auf *Krafttraining* ausgerichtet sein. Du kannst damit beginnen, indem du ein einzelnes Paar Hanteln kaufst und einmal täglich – von Montag bis Freitag – einen Satz Curls ausführst. Die gesamte Routine sollte weniger als eine Minute in Anspruch nehmen.

Klingt das machbar?

Diese Leistung ist so bescheiden, dass sie geradezu lächerlich klein ist.

Das soll so sein.

Erinnerst du dich? In Kaizen ist unser erstes Ziel, eine ‚lächerlich kleine' Aufgabe zuerst zu erledigen. Dabei geht es nicht darum, Muskeln aufzubauen, sondern einen psychologischen Impuls zu setzen und deine neue Fitnessgewohnheit in deinem Gehirn zu verankern. Wir möchten, dass sich dein limbisches System an den Gedanken gewöhnt, dass es jeden Abend nach der Arbeit Eisen pumpen wird. Einen einzigen Satz Kurzhantel-Curls zu machen, hört sich lächerlich und sinnlos an. Aber wenn du diese Aufgabe tatsächlich eine Woche lang jeden Tag durchführen kannst, wird dein Trainingsprogramm dem der Mehrheit der Bevölkerung, die überhaupt nicht trainiert, weit überlegen sein.

Leider wird es den meisten Menschen nicht gelingen, ein tägliches Engagement auch nur dieses winzigen Kalibers aufrechtzuerhalten. Aber wenn du es eine Weile durchhalten kannst, dann gehörst du zu den wenigen Auserwählten. Dann ist es an der Zeit, dein Trainingsprogramm zu erweitern – nach und nach mit immer schwereren Gewichten und höheren Wiederholungszahlen. Wir werden im nächsten Abschnitt über diesen inkrementellen Ansatz zur Fitness sprechen.

Ich hoffe, dass dieses Kapitel dich davon überzeugt hat, wie wichtig es ist, *eine* Art tägliches Fitnessprogramm für zu Hause zu entwickeln. Der Kaizen-Ansatz zum Krafttraining wird dich nicht über Nacht in einen wettbewerbsfähigen Bodybuilder verwandeln. Stattdessen wollen wir dich nur dazu bringen, tatsächlich jeden Abend in dein heimisches Fitnessstudio zu gehen und ein paar Gewichte zu stemmen. Erinnere dich daran, dass die Mehrheit der zahlenden Mitglieder eines Fitnessstudios fast gar nichts tut.

Tipp 3: Tracke deine tägliche Fitnessaktivität

In diesem Buch haben wir immer wieder betont, wie wichtig es ist, deine Ergebnisse bei allen Unternehmungen, die du verfolgst, zu tracken. Wenn es um deine Ziele beim Krafttraining geht, gilt natürlich die gleiche Regel. Wenn du dich entschlossen haben solltest, ein Trainingsprogramm durchzuführen, ist es wichtig, dass du deine Fortschritte auf irgendeine Weise protokollierst. Klassische Bezugsgrößen sind:

- Die Menge des Gewichts auf der Stange
- Die Anzahl der Wiederholungen
- Die Anzahl der Sätze
- Die Tonnage (Gewicht x Wiederholungen)
- Die Anzahl der Liegestütze
- Die Anzahl der Sit-ups
- Die Anzahl der gefahrenen Kilometer
- Die Anzahl der gegangenen Kilometer
- Die Anzahl der gelaufenen Kilometer
- Etc.

Unzählige Apps und Diagramme können online heruntergeladen werden, um deine Fitnessfortschritte zu verfolgen und zu überwachen. Ich persönlich empfinde mobile Apps für die Dateneingabe im Fitnessstudio als zu mühsam. Seit einem Jahrzehnt verfolge ich mein Gewicht, meine Kalorienzufuhr und meine Trainingsdaten in einer einzigen Microsoft Excel-Tabelle. Das Medium, mit dem du diese Statistiken protokollierst, ist jedoch nicht wichtig. Wichtig ist, dass du es dir zur Gewohnheit machst, *etwas* zu protokollieren.

Der Nutzen der Aufzeichnung täglicher Fitnessdaten sollte für jeden offensichtlich sein. Dennoch ist es selten, eine Person zu treffen, die auf ihre Protokolle zurückblickt und dir genau sagen kann, wie viel Gewicht sie am zweiten Dienstag im Dezember 2017 auf der Bank gedrückt hat (an diesem Tag hatte ich 85 kg auf der Stange).

Denk daran: In Kaizen lieben wir Statistiken. Aber wir führen nicht unbedingt Buch über unsere Messwerte, weil wir erwarten, dass unsere Protokolle etwas Aufschlussreiches oder Revolutionäres über unsere Trainingstechnik verraten. Stattdessen verfolgen wir unseren täglichen Fitnessfortschritt aus demselben Grund, aus dem Jerry Seinfeld seinen täglichen Fortschritt beim Schreiben von Witzen verfolgt hat. Indem wir schließlich den Prozess sowohl zu einem Ritual als auch zu einem Spiel machen, bleiben wir bei der Stange.

Dein Fitnessprotokoll ist dein Trophäenschrank – eine visuelle Erinnerung an deine vergangenen Trainingserfolge. Jede Hantelwiederholung ist ein Sieg. Jede abgeschlossene Routine ist ein Gewinn. Wenn du deine Statistiken regelmäßig aufzeichnest, solltest du in der Lage sein, eine stetige, schrittweise Steigerung deiner täglichen körperlichen Belastung zu erkennen. Indem du Aufzeichnung darüber führst, wie weit du gekommen bist, wird dein Geist besser in der Lage sein, die nötige Motivation aufzubringen, um dich immer weiter voranzutreiben.

Tipp 4: Erhöhe allmählich deine Trainingsintensität

Da der Kaizen-Ansatz zum Krafttraining ein jahrzehntelanges Unterfangen ist, besteht unser primäres Ziel im Fitnessstudio darin, allmählich Muskeln aufzubauen und dabei Verletzungen zu vermeiden. Wenn wir Gewichte heben, konzentrieren wir uns auf die Form, nicht auf die Anzahl der Wiederholungen. Wir stimmen unsere Körperhaltung ab und führen anmutige Manöver aus, die das Gewicht kontrolliert bewegen. Am wichtigsten ist, dass wir die natürliche Tendenz vermeiden, mehr Gewicht auf die Hantel zu legen, wenn unsere Muskeln noch nicht bereit sind.

Bodybuilder haben große Egos. Und es ist üblich, dass sie sich hinsichtlich der Anzahl der Wiederholungen oder des Gewichts gegenseitig antreiben. Dies führt dazu, dass viele Neulinge die Form für schwerere Platten opfern. Deine Muskeln bis an ihre absolute (Belastungs-)Grenze zu beanspruchen, mag im Leistungssport seinen Platz haben. Aber unser Ziel ist es lediglich, deinen Körper so zu belasten, dass er Muskeln aufbaut und trainiert wird.

Die schrittweise Strategie, für die Kaizen eintritt, ist vielen anderen Krafttrainingsmethoden nicht unähnlich – sie fordert den Trainierenden auf, die Intensität und Dauer einer Trainingseinheit schrittweise zu erhöhen, bis das Fitnessziel erreicht ist. Die Nuance liegt jedoch darin, die Arten von Zielen zu verstehen, auf die dieser langfristige Ansatz für die Fitness nicht anwendbar ist. Das ist Kaizen:

- Wir sind keine ‚Crash-Diäter' oder Fitness-Models.
- Wir rennen nicht um die Wette, um fünf Kilo für eine Hochzeitsfeier zu verlieren.
- Wir machen keine Diät, nur um in eine neue Jeans zu passen.
- Wir hungern uns nicht ab, um die optimale Strandfigur im Sommer zu erreichen.
- Und wir werden *nächste* Woche nicht auf dem Cover des *Men's Health Magazine* sein.

Außerdem sind wir keine ‚Extremsportler'.

- Wir haben nicht vor, die Goldmedaille im Gewichtheben zu gewinnen.
- Wir sind nicht der nächste Boxweltmeister.
- Wir spielen nicht in der Champions League.
- Und wir werden nicht an den Olympischen Spielen teilnehmen.

Das Erreichen solcher Ziele erfordert Verpflichtungen, die für die Mehrheit der Bevölkerung nicht praktikabel sind. Die wenigen tapferen Seelen, die sich darauf einlassen, tun dies meist nur für kurze Zeit ihres Lebens. Ihren Körper in ‚Strandform' zu halten, erfordert einen Lebensstil, der für die meisten von uns nicht praktikabel wäre.

Der 23-fache olympische Goldmedaillengewinner Michael Phelps hat einen erstaunlichen Körperbau. Aber zu welchem Preis? In seiner Autobiografie ‚No Limits' berichtet Phelps, dass er (während des Trainings) jeden Morgen fünf Stunden im Pool verbrachte und zehntausend Kalorien pro Tag zu sich nahm. Seine Mahlzeiten bestanden aus (wie er es ausdrückte) „so ziemlich allem, was ich wollte".

Solche körperlichen Leistungen sollten für ihren Unterhaltungswert gewürdigt werden. Aber sie sollten nicht als Lebensstrategie verfolgt werden. Du kannst mit deiner Zeit Besseres anfangen, als fünf Stunden lang Bahnen zu schwimmen. Aus diesem Grund musst du lernen, dich mit einer langsamen und schrittweisen Verfolgung deiner Fitnessziele anzufreunden. Diese Strategie steht im Gegensatz zu den oft beworbenen ‚Crash-Diäten' oder ‚Muskelaufbauprogrammen', die versprechen, dir zu helfen, „in 30 Tagen oder weniger aufgebaut zu werden". Der Hauptfehler bei solchen extremen Programmen ist nicht, dass sie ‚nicht funktionieren' (fast jeder Fitnessplan funktioniert bis zu einem gewissen Grad). Stattdessen kommt die Fehlkalkulation, wenn du erkennst, dass du nach Ablauf der 30 Tage noch viele Tage in deinem Leben übrighast.

Es gibt ein altes Sprichwort (das häufig fälschlicherweise Konfuzius zugeschrieben wird), das besagt:

Es spielt keine Rolle, wie langsam du fährst, solange du nicht anhältst.

Ich glaube eigentlich nicht, dass dieser Ansatz auf alle Aspekte unseres Lebens anwendbar ist.

- Manchmal spielt es tatsächlich eine Rolle ‚wie langsam man fährt'.
- Manchmal sollte man sich anstrengen.

Wenn es jedoch darum geht, ein Leben lang gesunde körperliche Fitnessgewohnheiten zu fördern, ist die zitierte Aussage ziemlich klug. Im Gegensatz zu anderen Lebenszielen (z. B. im Geschäftsleben oder bei der persönlichen Produktivität, wo es vorteilhafter sein kann, sich abzuarbeiten), werden Fitnessziele in der Regel am besten durch eine Verpflichtung zu langsamen und stetigen Fortschritten gefördert. Für die meisten Menschen ist dies die einzige Art von Trainingsprogramm, die sie jemals brauchen werden. Mit dieser Methodik wirst du wahrscheinlich keine olympische Goldmedaille gewinnen. Aber du wirst *fit, gesund* und *stark* für das Leben sein.

Kapitel 10: Kaizen und deine Beziehungen

The Weather Man

Im Filmdrama *The Weather Man* von Paramount Pictures aus dem Jahr 2005 lernen wir den Wetteransager David Spritz aus Chicago und seine von ihm entfremdete Ehefrau Noreen kennen. Die Beziehung zwischen den beiden ist kaum noch zu retten, wie ihr erster Dialog eindrucksvoll zeigt:

Noreen: „Und wehe, du vergisst die Remoulade, hörst du!?"

David: „Sag mir nur, was ich holen soll, Noreen, und geh mir bloß nicht auf den Du-weißt-schon!"

Noreen: „Leider hörst du ja immer nur die Hälfte von dem, was ich sage!"

David: „Ich hab's doch gehört! Remoulade. Remoulade. Remoulade."

Später am Abend kommt David nach Hause und stellt fest, dass er vergessen hat, die Remoulade zu kaufen. In einem Versuch, den Abend zu retten, belügt er seine Frau über seine Zerstreutheit.

Noreen: „Die Remoulade, wo ist die Remoulade?"

David: „Die war ausverkauft. Sie haben sich auch entschuldigt. Die waren ganz locker."

Noreen: „Die war ausverkauft? Die ganze Remoulade war ausverkauft? Ich rufe sie an!"

David: „Noreen!"

Noreen: „Es geht nicht um die Remoulade. Es geht um dich. Dir ist alles egal!"

Daraufhin kommt es zu einem langen Streit, der ihre Beziehung belastet und ihre Ehe noch weiter in unruhiges Fahrwasser bringt.

Frag dich bei der Betrachtung des vorangegangenen Dialogs:

- Kommt dir diese Unterhaltung bekannt vor?
- Wie oft hast du schon gehört, dass sich Paare auf ähnliche Weise streiten – und sich wegen eines unbedeutenden Missgeschicks anschreien?
- Warst du jemals in einer vergleichbaren Konfrontation mit deinem eigenen Ehepartner oder Lebensgefährten?

In diesem Abschnitt werden wir vier Prinzipien beschreiben, die dir helfen, ähnliche Beziehungsfehler zu vermeiden, indem wir unser neu erworbenes Wissen über Kaizen, Lingchi und Hansei anwenden.

Prinzip 1: Ein großes Beziehungsproblem ist oft das Ergebnis vieler kleiner Beziehungsprobleme

Argumente der Art, wie sie in Comedy-Dramen wie *The Weather Man* dargestellt werden, sind humorvoll, weil wir alle auf einen vorhandenen unterschwelligen Subtext schließen. Wir wissen, dass sich das Paar nicht wirklich über einen belanglosen Vorfall wie das Vergessen der Remoulade streitet. Stattdessen war der Anfall von Zerstreutheit des Ehemannes nur das Streichholz im Pulverfass – der Funke, der einen Vorrat an Beziehungsproblemen entzündete, der sich schon seit Langem angesammelt hatte. Oder, um es anders auszudrücken, der *Vorfall mit der Remoulade* war nur „der letzte Tropfen, der das Fass zum Überlaufen brachte" oder wörtlich aus dem Englischen übersetzt „der letzte Strohhalm, der dem Kamel den Rücken brach".

Abbildung 32 – Komplexe Lebensprobleme – insbesondere solche, die zwischenmenschliche Beziehungen betreffen – haben meist mehrere Ursachen. Streitigkeiten (über scheinbar nebensächliche Dinge) können durch vorher bestehende Umstände aufgewühlt werden.

Diese Sprichwörter sollen beschreiben, wie die Summe vieler kleiner Handlungen schließlich zu einem großen Problem führen kann. Manchmal ist die zufällige Kette von Ereignissen nicht für alle Beobachter offensichtlich. Bei dem Versuch herauszufinden, warum der Rücken des Kamels gebrochen bzw. das Fass zum Überlaufen gebracht worden ist, solltest du die folgenden möglichen Lösungen in Betracht ziehen:

- Der letzte Strohhalm wog mehr als jeder der vorherigen Strohhalme.
- Der letzte Strohhalm enthielt ein giftiges Element.
- Die Zugabe des letzten Strohhalms führte dazu, dass die angesammelte Last des Kamels die Menge überstieg, die es tragen konnte.

Offensichtlich beschreibt die dritte Aussage die Realität der Situation am besten. Aber wenn es um komplexere Angelegenheiten geht, ist die genaueste kausale Erklärung für den Beobachter oft unklar – dessen Analyse wird von der Perspektive beeinflusst, aus der er das Ereignis betrachtet hat. Oft ist die Erzählung, die er sich ausdenkt, um die Situation zu beschreiben, fehlerhaft.

In *The Weather Man* begeht David Spritz diesen Fehler, als er versucht, die Ursache für seine zusammenbrechende Ehe zu erkennen. In einem Zustand der Verzweiflung fragt er sich missmutig:

„Was wäre, wenn ich an die Remoulade gedacht hätte? Würden die Dinge anders sein?"

Dieses humorvolle Grübeln ist bezeichnend für die Art von kausalen Fehlern, die Paare so oft machen, wenn sie versuchen, ihre Eheprobleme zu beurteilen. Hier hat David einen *Reduktionsfehler* begangen – *er hat sich* auf den Stein des Anstoßes *konzentriert*, anstatt sich einen Moment Zeit zu nehmen, um frühere Konflikte zu betrachten, die zur Scheidung beigetragen haben könnten.

Zwischenmenschliche Beziehungsprobleme haben selten eine einzige Ursache. Ein Streit unter Liebenden kann klein anfangen – vielleicht ausgelöst durch ein harmloses Ereignis oder eine augenzwinkernde Bemerkung. Aber der Konflikt kann schnell hitzig werden – wie finanzielle Schwierigkeiten, Streitigkeiten über die Kindererziehung oder Probleme mit der Schwiegermutter. Alltägliche Meinungsverschiedenheiten (über scheinbar unbedeutende Themen) werden leicht durch aggressive Untertöne verstärkt – Hintergrundgeräusche vergangener Konflikte.

Der Trick, um die Eskalation von Ehekonflikten zu entschärfen, liegt darin, zuerst die Fähigkeit zu verbessern, die Ursache zu bestimmen. Ingenieure verwenden die Ursachenanalyse (Root Cause Analysis, RCA), um die verschiedenen Faktoren zu identifizieren, die zusammenkommen, wenn ein katastrophales Ereignis ausgelöst wird – wie ein Flugzeugabsturz, ein Verkehrsunfall, ein Stromnetzausfall oder ein Zusammenbrechen eines Kamels.

Um die Ursache eines Konflikts herauszufinden, können viele Techniken eingesetzt werden. Für den Anfang können wir die 5W-Methode von Sakichi Toyoda ausprobieren (wie in Kapitel 5 beschrieben). Um etwas Licht in das Dilemma unseres Wetteransagers zu bringen, betrachte die folgende Übung:

Warum haben sich David und Noreen gestritten?

1. **Warum?** – Weil David vergessen hat, Remoulade zu kaufen.
2. **Warum?** – Weil er auf dem Weg zum Laden abgelenkt war und die mentale Notiz nicht in seinem Kurzzeitgedächtnis behalten hat. Daher versäumte er es, dem Verkäufer an der Kasse zu sagen, dass er Remoulade dazupacken sollte.
3. **Warum?** – Weil er geistesabwesend war und sich nicht zusätzlich darum gekümmert hat, den Wunsch seiner Frau aufzuschreiben, bevor er das Haus verließ.
4. **Warum?** – Weil er behauptete, er könne sich allein durch seine mentale Notiz daran erinnern, Remoulade zu besorgen, und es ihm nicht gefiel, wie seine Frau ihn wegen seiner Neigung zur Zerstreutheit anmotzte.
5. **Warum?** – Weil das Paar Kommunikationsprobleme hat und keiner von beiden glaubt, dass der andere seinen individuellen Beitrag zur Beziehung wirklich respektiert.

Die 5W-Technik ist nützlich, weil sie den Verstand dazu zwingt, tiefer zu graben – zum Kern der Sache zu kommen. Es hilft uns, mehrere Vorgeschichten zu berücksichtigen und festzustellen, ob der kleinliche Konflikt des Tages tatsächlich ein Stellvertreterkrieg ist – ein Kampf, der aus Nebenproblemen resultiert, die noch nicht richtig behandelt wurden. Angesichts der Komplexität der zwischenmenschlichen Dynamik ist es oft leichter gesagt als getan, diese Probleme ans Licht zu bringen.

Die Entwicklung eines persönlichen Hansei-Rituals (wie in Kapitel 2 besprochen) wird diese Aufgabe erleichtern. Erinnere dich daran, dass Hansei uns ermutigt, kontemplative Selbstreflexion zu betreiben, um die Quelle unserer Unzulänglichkeiten zu identifizieren. Am wichtigsten ist, dass wir uns bemühen, unsere eigenen Unzulänglichkeiten zu untersuchen, *bevor* wir versuchen, anderen die Schuld zuzuschieben. Dabei hilft uns das Ritual, zwei trügerische kognitive Verzerrungen zu überwinden.

- **Erstens** hilft es uns, die ‚Schuldzuweisung' zu vermeiden. Selbst wenn du davon überzeugt bist, dass du kein Fehlverhalten begangen hast, fordert das Hansei-Ritual dich auf, dir einen Moment Zeit zu nehmen, um darüber nachzudenken, dass du zumindest eine Teilschuld tragen *könntest*. Indem du den Verstand zwingst, diesen theoretischen Kopfraum zu besetzen, wirst du eher in der Lage sein, die Dinge aus der Perspektive deines Ehepartners zu sehen.
- **Zweitens** fordert Hansei uns auf, die natürliche Tendenz zu umgehen, sich auf die unmittelbare Ursache einer Meinungsverschiedenheit zu fixieren. Vielleicht war deine Frau nicht wütend auf dich, weil du vergessen hast, etwas im Laden abzuholen. Vielleicht war ihre Wut das Ergebnis anderer, dringenderer Beziehungsprobleme, die noch nicht ausgesprochen worden sind.

Wie in Kapitel 1 erörtert, werden die großen Probleme im Leben selten durch ein einzelnes, für sich genommenes Ereignis ausgelöst. Stattdessen sind persönliche Katastrophen oft das Endergebnis eines langen und kumulativen Prozesses – z. B. Lingchi (Tod durch tausend Schnitte). Indem wir ein Bewusstsein für unsere Fehler entwickeln und verhindern, dass unbeaufsichtigte Beziehungsprobleme fortbestehen, können wir verhindern, dass sich kleine Streitereien zu feindseligen Konflikten entwickeln – und die Blutung stoppen, bevor die Wunde tödlich wird.

Prinzip 2: Beziehungen verlangen von beiden Seiten 110 % Einsatz

Erinnere dich daran, dass eines der ursprünglichen Ziele von Kaizen darin bestand, die Kommunikation zwischen Personen zu verbessern, die auf verschiedenen Ebenen in einer Unternehmenshierarchie arbeiteten. Wie in Kapitel 8 besprochen, bemerkte William Deming, dass die Fließbandarbeiter oft schon bei der Entstehung von Produktionsproblemen sehr aufmerksam waren. Aber sie vermieden es, sie gegenüber dem oberen Management zu erwähnen, aus Angst, das Protokoll zu verletzen. Folglich bestand Deming so sehr darauf, dass Unternehmen ‚die Angst' vom Arbeitsplatz vertreiben, dass er dies zu einem der Grundprinzipien seines Managementschemas machte.

Wenn es in einer Organisation keine offenen Kommunikationskanäle zwischen den Mitgliedern gibt, haben Einzelne das Gefühl, dass ihr Beitrag nicht geschätzt wird. Daher entscheiden sie sich vielleicht dafür, einen minimalen Beitrag zur Gemeinschaft zu leisten – genug, um über die Runden zu kommen, aber nicht genug, um zu gedeihen.

Eine solche apathische Denkweise kann besonders in zwischenmenschlichen Beziehungen schädlich sein – die von den Mitgliedern verlangen, dass sie 110 % ihrer Bemühungen einbringen, nicht nur ihren gefühlten ‚anständigen Anteil'. Der Konflikt, der so oft aus solchen Unzulänglichkeiten entsteht, wird in der Schlussfolgerung von David und Noreen beispielhaft dargestellt:

Noreen: „Es geht nicht um die Remoulade. Es geht um dich. Dir ist alles egal!"

David: „Die Remoulade ist mir egal! Ich muss eine Familie ernähren! Über berufliche Dinge nachdenken und habe Stress!"

Noreen: „Du Egoist!"

David: „Ich würde alles für dich tun!"

Hier macht David den Fehler anzunehmen, dass sein finanzieller Beitrag zur Beziehung alles ist, was von ihm verlangt wird. Er hält die zusätzlichen Anforderungen seiner Frau nicht für essenziell und ignoriert daher oft ihren Input.

Noreen wiederum ist frustriert, dass David nicht auf die einfachsten Wünsche eingeht (wie die Bitte an den Verkäufer, Remoulade dazuzupacken). Sie fühlt sich an den Rand gedrängt und glaubt nicht, dass ihr Mann ihre Beiträge zur Beziehung schätzt. Die Unfähigkeit des Paares, seine Wünsche zu übermitteln, führt dazu, dass sich beide Parteien gekränkt fühlen und keiner von ihnen in der Ehe glücklich ist.

Gibt es etwas, was wir tun können, um ihre Kommunikationskanäle zu verbessern?

Die 110 %-Regel

Ein Trick, um solche Spannungen abzubauen, ist die Anwendung der 110 %-Regel. Bevor du mit deinem Ehepartner redest, halte kurz inne und frage dich, wie die Interaktion aussehen würde, wenn du dich zu 110 % einsetzen würdest. Das heißt, wie würde der Dialog verlaufen, wenn du *mehr* zur Kommunikation beitragen würdest als das, was man vernünftigerweise von dir erwarten würde?

Als Noreen ihre Bitte an David richtete, sagte sie schnippisch: „Vergiss die Remoulade nicht." Nun, in einer perfekten Welt würde dies vielleicht ausreichen, um ihre Wünsche an ihren Ehepartner zu übermitteln. Wenn sie jedoch tatsächlich 110 % geben würde, dann könnte sie die Interaktion aus einer aufgeklärten Perspektive wahrnehmen. Eine wohlwollende Gedankenkette könnte etwa so aussehen:

- David hat den ganzen Tag gearbeitet. Sein Gehirn ist müde. Zehn Stunden lang muss er Befehle befolgen und anspruchsvolle Aufgaben ausführen. Doch er erduldet diese Arbeit, um ihr und den Kindern ein gutes Leben zu ermöglichen.
- David ist ein guter Ehemann. Er ist bereit, alles stehen und liegenzulassen und in den Laden zu gehen, um ihre Bestellung abzuholen.
- Die Straßen von New York City sind chaotisch, voller ablenkender Reize, die den Geist abschweifen lassen können. Es kann leicht passieren, dass man vergisst, einen zusätzlichen Artikel (wie z. B. Remoulade) mitzunehmen.
- Noreen kann sich die Abholung erleichtern, indem sie ihre Bitte aufschreibt und David sanft darum bittet, sie zu erfüllen – z. B., indem sie ihm einen Zettel mit der Aufforderung ‚Remoulade dazupacken' in

die Hand drückt und ihn dann mit einem Kuss und einem „Danke" zur Tür hinausschickt.

Alternativ könnte David, wenn er ebenfalls 110 % geben würde, eine parallele Reihe von Schlussfolgerungen vermuten.

- Noreen kümmert sich den ganzen Tag um die Kinder. Ihr Gehirn ist müde. Sie hat in den letzten zehn Stunden Familienmitglieder herumgefahren und sich um den Haushalt gekümmert. Doch sie nimmt diese Arbeit in Kauf, um David und den Kindern ein gutes Leben zu Hause zu ermöglichen.
- Noreen ist eine gute Ehefrau. Sie hat die Essensbestellung telefonisch aufgegeben und bereitet gerade den Tisch für das Familienessen vor.
- Die Straßen von New York City sind chaotisch, voller ablenkender Reize, die den Geist abschweifen lassen können. Es kann leicht passieren, dass man vergisst, einen zusätzlichen Artikel (wie z. B. Remoulade) mitzunehmen.
- David kann sich vergewissern, dass er die vollständige Abholung durchführt, indem er die Anweisungen seiner Frau aufschreibt und eine freundliche Bestätigung verbalisiert, dass er ihre Anfrage bearbeitet hat.

Wenn eine der beiden Parteien innegehalten hätte, um sich vom Streit zu distanzieren und eine objektivere Analyse der Situation vorzunehmen, hätte der Konflikt beim Abendessen vermieden werden können. In diesem letzten Schritt der Interaktion hätte die 110 %-Regel angewendet werden müssen.

- David, der sich seiner Neigung zur Zerstreutheit bewusst ist, sollte eine To-do-Liste bei sich tragen, die ihn an seine Verpflichtungen erinnert.
- Noreen sollte verstehen, dass Davids Gehirn nach der Arbeit ermüdet ist. Wenn sie ein zusätzliches Anliegen hat, dann sollte sie ihm eine zusätzliche Erinnerung – z. B. eine schriftliche Notiz – zukommen lassen.

Indem du ein Gespür für die Vorlieben deines Ehepartners entwickelst, kannst du besser auf seine oder ihre weniger präzisierten Tendenzen eingehen – und so die Zahnräder schmieren, die das Uhrwerk des Haushalts zum Laufen bringen.

Um eine Beziehung zu pflegen, musst du dich für die Entwicklung deiner zwischenmenschlichen Kommunikationsfähigkeiten einsetzen und bereit sein, die Wünsche deines Partners vor deinen eigenen zu berücksichtigen.

Prinzip 3: Halte Ausschau nach Triggern

Die alten Griechen vertraten den Wert der reflektierenden Kontemplation mit dem (latinisierten) Satz **,temet nosce'** oder ,Erkenne dich selbst'. Er ist einer der drei Sprüche, die auf dem Pronaos des Apollo-Tempels in Delphi zu sehen sind – er stammt wohl aus dem 4. Jahrhundert v. Chr. Im Laufe der Zeit versuchten viele Gelehrte, den Spruch zu deuten – von Platon über Thomas Hobbes bis hin zu Ralph Waldo Emerson; jeder vertritt eine sich etwas widersprechende Meinung über die Bedeutung des Satzes. Wie bei so vielen Artefakten der Antike werden wir die ursprüngliche Absicht des Autors nie erfahren. Aber meine Lieblingsverwendung findet sich in Alexander Popes Gedicht ,An Essay on Man, Epistle II' von 1734 (in der Übersetzung von B.H. Brockes aus dem Jahr 1740):

So lerne dich denn selbst erkennen, und bilde dir so keck nicht ein:

Es werde gar die Gottheit selbst von deinem Geist entwickelt seyn.

Der Menschen Untersuchungs-Vorwurf ist eigentlich der Mensch allein.

Auf einem schmal umfloßnen Landstrich, von einem steten Mittelwesen, läßt es, als wär er hingesetzt, ja gleichsam selbst dazu erleben.

In unserem Streben nach Selbstverwirklichung ist die komplexeste Beziehung, die wir zu bewältigen haben, die zu uns selbst. Es ist also *richtig*, wenn wir uns die Zeit nehmen, Selbstbeobachtung zu betreiben, uns mit den Triebkräften unserer Motivationen vertraut zu machen und mit den hellen und dunklen Engeln, die auf jeder Schulter wohnen.

Selbstbewusste Menschen kennen ihre Stärken und Schwächen. Sie haben die Intuition vorauszusehen, welche Reize ihr Gehirn besonders gut verarbeiten kann und welche vermieden werden sollten.

- Was macht dich wütend?

- Was geht dir unter die Haut?
- Was reibt dich auf?
- Was geht dir auf die Nerven?
- Über welche Themen solltest du erst gar nicht diskutieren?

Um destruktives Verhalten zu verhindern, ist oft der beste Weg, einfach zu vermeiden, sich in Situationen zu begeben, die es auslösen. Zum Beispiel:

- Wenn du weißt, dass der morgendliche Stau dazu führt, dass du deine Kollegen beim Betreten des Büros durch die Vordertür zur Sau machst, dann nimm wenigstens die Hintertür.
- Wenn du weißt, dass du nach einem stressigen Meeting bei deinem Ehepartner auf Krawall gebürstet bist, dann vermeide es, Anrufe von der Familie während der Arbeit anzunehmen.
- Wenn du weißt, dass du mit leerem Magen kein ruhiges Gespräch führen kannst, dann geh etwas essen, bevor du redest.

Wenn du nicht glaubst, dass solche winzigen Veränderungen deine Psyche beeinträchtigen können, solltest du das folgende Experiment in Betracht ziehen: In einer Arbeit der Universitäten Columbia und Ben-Gurion aus dem Jahr 2010 mit dem Titel ‚Belanglose Entscheidungen in Gerichtsentscheidungen’ (‚Extraneous factors in judicial decisions’) analysierten die Forscher Gerichtsentscheidungen basierend auf dem Zeitpunkt, zu dem das Urteil gefällt wurde. Sie bemerkten, dass die Richter vor der Mittagspause den Angeklagzen seltener Bewährung gewährten. Nach der Mittagspause stieg die Zahl der gewährten Bewährungen jedoch sprunghaft um 65 Prozent an. Mit anderen Worten: Diese ehrenwerten Richter – Männer und Frauen – die vermeintlich dazu berufen sind, objektive, auf Beweisen und Vernunft basierende Urteile zu fällen – waren in Wirklichkeit viel nachsichtiger mit Angeklagten, nachdem sie eine Mahlzeit im Magen hatten.

Das Experiment zeigt, wie unser physiologischer Zustand unsere Wahrnehmung der Realität verändern kann. ‚Erkenne dich selbst’ bedeutet, sowohl deinen Geist als auch deinen Körper zu kennen. Du kannst deine Emotionen besser in den Griff bekommen, indem du das in Kapitel 2 – Hansei (ehrliche Selbstreflexion) – besprochene meditative Ritual durchführst. Erinnerst du dich an eine Begegnung, in der du mit jemandem nicht einverstanden warst, z. B. mit einem Ehepartner, einem Freund oder einem Kollegen? Ist das Gespräch in einen heftigen Streit ausgeartet?

- Welche Worte wurden ausgetauscht, die dich wütend gemacht haben?
- Was hättest du tun können, um die Situation zu vermeiden oder zu verbessern?
- Würde diese Situation in einem anderen Kontext anders verlaufen?
- Hättest du anders reagiert, wenn du nicht so genervt, müde oder hungrig gewesen wärst?
- Ist es möglich, dass die Gegenseite, die dich so beleidigt hat, tatsächlich ein paar gute Argumente hatte?

Am besten führst du ein Tagebuch über jede Interaktion, die es schafft, dich zu triggern. Identifiziere die Personen, Orte und Gesprächsthemen, die dich gereizt haben. Versuche, die Reize und Umgebungsbedingungen, die deine negativen Emotionen hervorgerufen haben, in eine Formel zu packen.

Die Katalogisierung der Störungen deiner inneren Welt ist ein lebenslanges Unterfangen, das ein großes Repertoire an Referenzerfahrungen in der Stimmungsbildung erfordert. Aber sobald diese Kalibrierung abgeschlossen ist, wirst du Zugang zu einer neuen Ebene des Bewusstseins und einer verbesserten Fähigkeit haben, eine gelassene Haltung beizubehalten, wenn du auf zukünftige Störungen stößt.

Natürlich sollte dein Ziel beim Erlernen des Erkennens potenziell lästiger Situationen nicht darin bestehen, dich aus *jeder* Herausforderung herauszuhalten, die das Leben dir stellt. Stattdessen sollte es dein Ziel sein, eine historische Aufzeichnung deiner ‚verlorenen Schlachten' zu führen – sodass du deine zukünftigen Strategien modifizieren und deine Unzulänglichkeiten und Vorurteile ausgleichen kannst.

Oft entstehen Beziehungsschwierigkeiten, weil Paare nicht in der Lage sind, die Welt mit den Augen des anderen zu sehen. Unser Verstand offenbart uns Daten über einen komplexen Wandteppich; jedes Garn ist mit einem Geflecht von Erinnerungen und Emotionen verbunden, die die Art und Weise, wie wir die Realität wahrnehmen, färben. Aus diesem Grund werden gesunde Beziehungen am besten gefördert, wenn wir ein funktionierendes Wissen über die Funktionsweise unseres eigenen Verstandes sowie den Verstand derer, die uns nahestehen, entwickeln. Wir nehmen die Macken unserer Familie und Freunde hin, weil wir wissen, dass in den Ritzen ihres rauen Äußeren manchmal das Glitzern eines Diamanten zu sehen ist. Oder wie es der amerikanische Schriftsteller Elbert Hubbard (1856-1915) ausdrückte:

> „Dein Freund ist der Mann, der alles über dich weiß und dich trotzdem mag."

Obwohl wir nie in der Lage sein werden, jedes große Netzwerk, das sich zwischen unseren Ohren spinnt, zu kodifizieren, können wir uns zumindest bemühen, neue soziale Situationen in einem Zustand der Bereitschaft zu betreten – im Bewusstsein unserer Launen, aber nicht als ihr Sklave.

Prinzip 4: Sei dir bewusst, dass Beziehungen die Akzeptanz von Dingen erfordern, die du nicht ändern kannst

Unsere Fähigkeit, unsere eigenen Lebensumstände positiv zu beeinflussen, ist begrenzt. Noch begrenzter ist unsere Fähigkeit, die Lebensumstände der Menschen um uns herum zu beeinflussen.

In *Die Kunst, vernünftig zu leben'* schrieb der griechische stoische Philosoph Epiktet (ca. 50-135 n. Chr.):

> „Glück und Freiheit beginnen mit einem klaren Verständnis für ein Prinzip: Einige Dinge liegen in unserer Kontrolle, andere nicht. Erst wenn du dich dieser Grundregel gestellt und gelernt hast, zwischen dem, was du kontrollieren kannst und dem, was du nicht kontrollieren kannst, zu unterscheiden, werden innere Ruhe und äußere Wirksamkeit möglich."

Ähnliche Gedanken finden sich in dem berühmten ‚Gelassenheitsgebet' des amerikanischen Theologen Reinhold Niebuhr (1892-1971). Sie lauten:

„Gott, gib mir die Gelassenheit, die Dinge zu akzeptieren, die ich nicht ändern kann, den Mut, die Dinge zu ändern, die ich ändern kann, und die Weisheit, den Unterschied zwischen beidem zu erkennen."

Von Zeit zu Zeit fühlen wir uns alle geneigt zu versuchen, anderen zu helfen. Wir denken, wir können ihre Situation verbessern oder ihre Wunden heilen. Nächstenliebe ist bewundernswert. Aber sei dir darüber im Klaren, dass die persönliche Entwicklung eine Aufgabe ist, die von der Mehrheit der Menschen um dich herum nicht verfolgt wird. *Stagnation* ist der Standardzustand des Menschen. Die meisten Menschen sträuben sich gegen Hilfen oder Veränderungen – vor allem, wenn sie bereits ein gewisses Maß an Komfort erreicht haben.

Manche Situationen können nicht verbessert werden. Manche Beziehungen können nicht mehr gerettet werden. Stattdessen kann es die richtige Vorgehensweise sein, schlafende Hunde gar nicht erst zu wecken. Akzeptanz ist oft das einzige Geschenk, das wir denen machen können, die sich entfremdet haben. Vergebung ist vielleicht alles, was wir denen bieten können, die uns Unrecht getan haben – auch wenn sie es nicht verdient haben. Dieses Angebot muss nicht gänzlich altruistisch sein; sein Nutzen kann zweifach sein. Wie Jonathan Lockwood Huie schrieb:

„Vergib anderen, nicht weil sie Vergebung verdient haben, sondern weil du Frieden verdienst."

Kapitel 11: Kaizen und der Sinn des Lebens

Kurz nachdem wir das Laufen gelernt haben, lernen wir, uns mit anderen zu vergleichen. In dem Maße, in dem sich das Ego entwickelt, entwickelt sich auch unsere Fähigkeit, unsere Umgebung zu analysieren – Daten zu sammeln, um unseren aktuellen Platz im Universum ausfindig zu machen. Irgendwann beginnen wir, uns Fragen zu stellen wie:

- Wer bin ich?
- Warum bin ich hier?
- Wohin soll ich gehen?

Wenn wir den Vorhang eines jeden neuen Lebensabschnitts zurückziehen, bleiben diese drei Fragen bestehen – sie warten hinter den Kulissen, schreien nach unserer Aufmerksamkeit und betteln darum, nach jedem Akt neu untersucht zu werden. Die Szenerie kann sich ändern. Unsere Rolle kann sich ändern. Dennoch bleiben diese drei Fragen bestehen.

Unsere Unfähigkeit, diese Fragen angemessen zu beantworten, kann die Quelle vieler innerer Ängste sein, die sich in der Außenwelt manifestieren können – mit Auswirkungen auf unsere Einstellung, unsere Arbeitsleistung und unsere Beziehungen.

- Wer bin ich?
- Warum bin ich hier?
- Wohin soll ich gehen?

Bei der Formulierung einer Antwort auf diese Fragen ist es typisch, dass du dir überlegst, wie eine ideale Version von dir selbst aussehen könnte. Was hätte aus dir werden können, wenn die Dinge nur ein wenig anders gelaufen wären?

- Wenn du bei der Prüfung nur besser abgeschnitten hättest...
- Wenn du nur das Jobangebot in London angenommen hättest...
- Wenn du nur deine erste Liebe geheiratet hättest...
- Wenn du nur jeden Werktag nach dem Essen Tuba geübt hättest...
- Wenn du nur...

Die aktuelle Position, in der wir uns befinden, ist das unvermeidliche Ergebnis der Millionen kleiner Entscheidungen, die wir auf dem Weg dorthin getroffen haben. Je mehr große und kleine Lebensentscheidungen wir treffen, desto mehr stellt sich ein Kurs ein, der mit jedem vergehenden Jahr schwieriger zu korrigieren ist.

In dem bereits erwähnten Film *The Weather Man* sinniert Nicolas Cages Figur über dieses Dilemma:

„Ich weiß noch, wie ich mir mein Leben früher vorgestellt habe, wie ich sein würde. Ich malte mir Eigenschaften aus, starke, positive Eigenschaften, die die Leute schon aus einiger Entfernung wahrnehmen können würden. Aber mit der Zeit stellte sich raus, dass ich nur wenige dieser Eigenschaften wirklich hatte. Und all die Möglichkeiten, die sich mir boten, und die Facetten des Menschen, der ich hätte werden können, wurden jedes Jahr weniger und weniger. Bis sie sich letztlich auf das reduziert haben, was ich bin. Und das ist es, was ich bin.“

Jeder von uns hält ein Bild seines idealisierten Selbst in der Galerie seines Geistes. Ein Hochglanz-Polaroid eines lächelnden Überfliegers. Wenn wir in den Spiegel schauen und unsere Augen stark genug zusammenkneifen, können wir vielleicht sogar einen Blick auf diese Person erhaschen – die jüngere, stärkere, gesündere, glücklichere, dünnere und attraktivere Version von uns selbst. Unser schneidiger Doppelgänger. Derjenige, dem alles gelingt, was er sich vornimmt, und der dabei immer gut aussieht. Derjenige, der sein Leben in einem Zustand ewiger Glückseligkeit verbringt – umgeben von den Annehmlichkeiten des Lebens und reizenden Geschöpfen. Wir denken uns vielleicht, wenn wir nur ‚dieser Typ' werden könnten, dann wäre unser Leben vollkommen.

In den vielen Kämpfen des Lebens suchen wir nach dieser idealen Version von uns selbst. Wenn wir den Rubikon überschreiten, positionieren wir sorgfältig jeden einzelnen Stein auf dem Weg. Sie bilden eine Brücke zum gegenüberliegenden Ufer – dem vermeintlichen Wohnsitz des besseren Selbst.

- Wenn wir uns an einer Hochschule einschreiben, stellen wir uns unser zukünftiges Selbst als erfolgreicher Profi vor.
- Wenn wir heiraten, stellen wir uns unser zukünftiges Ich als liebender Ehepartner vor.
- Wenn wir Kinder haben, stellen wir uns unser zukünftiges Selbst als weise und angesehene Eltern vor.

Es ist sinnvoll und gesund, solche Meilensteine zu verfolgen. Aber wie der amerikanische Journalist Allen Saunders schrieb (und John Lennon popularisierte):

„Leben ist das, was einem widerfährt, während man damit beschäftigt ist, andere Pläne zu schmieden."

Die Dinge laufen nicht immer so, wie sie sollen.

- Vielleicht erwies sich die Hochschule als zu schwierig oder zu kostspielig.
- Der Ehepartner, den du vor deinem 23. Geburtstag kennenlernen wolltest, ist nie aufgetaucht.
- Und folglich auch keine Kinder.

Missverhältnisse dieser Art können Depressionen oder Angstzustände hervorrufen. Unsere alltäglichen Tragödien machen es uns nur allzu leicht, die vielen Gaben zu vergessen, mit denen wir gesegnet sind. Da es keinen objektiven Maßstab gibt, mit dem wir unsere aktuelle Position im Spiel des Lebens messen können, ist unser Versuch, zu erkennen, ob wir ‚gewinnen oder verlieren', notwendigerweise subjektiv und abhängig vom Eindruck, der durch den wahrgenommenen Erfolg der Menschen um uns herum geprägt wird.

Unsere Vorfahren aus dem Pleistozän lebten in kleinen Gruppen von 25 Menschen. Die Berechnung von Positionen in der sozialen Hierarchie war für sie einfacher. Unser Versuch, diese Position zu bestimmen, wird jedoch durch die Natur unserer heutigen Medien gesättigten Welt erschwert. Wir alle tragen Geräte in unseren Taschen, die es uns ermöglichen, unser eigenes Leben sofort mit dem Leben von jedem in der Stadt und sogar mit dem Leben von Menschen zu vergleichen, die auf der anderen Seite des Planeten wohnen. Vielleicht ist die Leichtigkeit, mit der solche Vergleiche angestellt werden können, die Ursache für unsere ständige Unzufriedenheit.

In der mit dem Golden Globe ausgezeichneten Serie *Ally McBeal* ging es um eine 27-jährige von Angstzuständen geplagte Anwältin, die sich in jeder Sendung auf die Suche nach der perfekten Karriere und der perfekten Beziehung machte. In Staffel 5 bricht Ally schließlich zusammen und beklagt ihre Unfähigkeit, jedes ihrer Lebensziele zu erreichen:

„Alles, was ich jemals wollte, war, reich zu sein, und erfolgreich zu sein, und drei Kinder zu haben, und einen Ehemann, der abends zu Hause auf mich wartete, um meine Füße zu kitzeln... Und [jetzt] seht mich an! Ich mag nicht mal meine Haare."

Solche Überlegungen sind humorvoll in ihrer Anerkennung der Absurdität unseres heutigen existenziellen Dilemmas. Allys relativer Reichtum sollte uns allen klar sein. Als junge, schöne und gut bezahlte Anwältin aus Boston ist ihr Leben viel einfacher als das von 99 % aller Menschen, die auf der Erde wandeln. Und doch wird sie immer wieder von Weltschmerz heimgesucht – der Melancholie, die entsteht, wenn die Realität nicht mit den idyllischen Visionen des Geistes übereinstimmt.

Vielleicht werden solche schwerfälligen Empfindungen erst durch die Beseitigung von Entbehrungen möglich. Der neu gewonnene Wohlstand im Amerika der Nachkriegszeit erleichterte die Kommerzialisierung von Kühlschränken, Geschirrspülern und Existenzängsten – wie sie in düsteren Werken des 20. Jahrhunderts wie ‚Zeiten des Aufruhrs' (*Revolutionary Road;* 1961) und ‚Der Weiblichkeitswahn' (*The Feminine Mystique;* 1963) wunderbar dargestellt werden. Angesichts des stetigen Anstiegs der Selbstmord- und

Drogenrate unter Millennials scheint diese Generation nicht besser mit der neuen Realität zurechtzukommen als ihre Boomer-Eltern.

Der französische Schriftsteller Michel Houellebecq, dessen Anfälle von Depressionen und Alkoholismus zum Markenzeichen seiner Karriere geworden sind, schloss seinen Roman ‚Ausweitung der Kampfzone' (im Original: ‚Extension du domaine de la lutte') von 1994 mit diesem düsteren Absatz:

„Seit Jahren laufe ich neben einem Phantom her, das aussieht wie ich und in einem theoretischen Paradies lebt... Ich habe lange geglaubt, dass es meine Aufgabe wäre, mit diesem Phantom eins zu werden. Damit ist es vorbei... Ich bin im Herzen des Abgrunds. Ich empfinde meine Haut... als Grenze und die Außenwelt als erdrückende Last. Diese Trennung ist real und vollständig; von nun an bin ich in mir selbst gefangen. Sie wird nicht stattfinden, die erhabene Verschmelzung; das Ziel des Lebens wird verfehlt."

Dieser Absatz malt das Porträt einer gequälten Seele. Einer, der ein Leben lang auf die ‚erhabene Verschmelzung' gewartet hat – den Moment der völligen Erfüllung, in dem er endlich eins wird mit dem Mann, der er sein will – ein ‚Phantom', das in einem ‚theoretischen Paradies' der Zukunft wohnt.

Wenn wir älter werden, kommen wir vielleicht zu der Erkenntnis, dass wir nicht so viel Strecke zurückgelegt haben, wie wir gehofft hatten. Das Gespenst, das wir suchen, taucht immer noch am fernen Horizont auf. Vielleicht werden wir nicht jedes unserer Lebensziele erreichen und auch nicht einen Zustand ständiger Sättigung.

Für manche ist diese Erleuchtung die Quelle großer innerer Ängste. Die Herausforderungen im Spiel des Lebens zu ertragen, scheint sinnlos, wenn man weiß, wie kurzlebig die Belohnungen sein werden.

Vielleicht sollten wir es gar nicht erst versuchen...

Oder gibt es vielleicht einen Weg, das Spiel des Lebens so umzugestalten, dass die Last des Lebens besser zu bewältigen ist?

Das Spiel des Lebens verstehen

Das Streben nach einem hypothetischen Ideal ist kein gänzlich ungesundes Unterfangen. Es gibt eine Zeit und einen Ort, um Vergleiche durchzuführen. Indem wir unseren Status im Vergleich zu dem eines anderen Menschen (einer deiner Konkurrenten oder sogar einer früheren Version von dir selbst) bewerten, können wir die Effizienz unserer täglichen Anstrengungen einschätzen und die Menge an zusätzlicher Arbeit berechnen, die erforderlich ist, um unsere Ziele zu erreichen. Solche Einschätzungen könnten uns anspornen, härter zu arbeiten – und uns noch wachsamer bei der Verfolgung unserer Ziele machen.

Der bescheidene Vergleich deiner Bemühungen mit den besseren Ergebnissen anderer Leute sollte ein Teil deines wöchentlichen Hansei-Rituals sein. Wir sollten versuchen, uns in jeder Hinsicht zu verbessern. Und wir sollten uns die Zeit nehmen, uns eine bessere Welt und eine bessere Geschichte für unser Leben vorzustellen.

Aber das Problem entsteht, wenn wir die Natur des Spiels des Lebens nicht vollständig verstehen. Wie Windhunde, die einem mechanischen Hasen auf der Rennbahn nachjagen, war der Wettbewerb nie dazu gedacht, gewonnen zu werden. Den Hasen werden sie nie erreichen.

Wenn wir uns ständig mit anderen vergleichen, dann gelingt es uns nur, uns in einen Zustand unendlicher Unzufriedenheit zu stürzen. Selbst wenn du es schaffen solltest, mit den Müllers mitzuhalten (oder sie weit abzuhängen), solltest du wissen, dass es immer einen anderen Herrn Müller auf der nächsten Ebene geben wird, auf die du gelangst.

Auf der Suche nach deinem idealen Selbst wirst du immer im Rückstand sein. Dein Doppelgänger wird dir immer ein paar Schritte voraus sein. Die Vereinigung deiner körperlichen Form mit deinem projizierten Simulakrum (die ‚erhabene Verschmelzung', wie Michel Houellebecq sie in der vorangehenden Passage nennt) wird *niemals* stattfinden. Weil sie nie dazu bestimmt war.

Der Mensch ist ein zeitliches Wesen – ihm ist eine endliche Zeitspanne in einem alternden Körper zugestanden. Mit jedem zurückgelegten Kilometer wird das Leben dir immer wieder neue und immer vielfältigere Hindernisse in den Weg legen. Außerdem musst du diese Wanderung mit einem *Memento mori* im Gepäck machen. Sein drückendes Gewicht erinnert dich daran, dass das Ende naht. Jeder, der jemals gelebt hat, ist gestorben. Die Menschen, die du liebst, werden unweigerlich aus dieser Welt scheiden – leise blinzelnd aus dem Dasein, einer nach dem anderen.

Trotz deiner besten Bemühungen, die Ordnung im Kosmos aufrechtzuerhalten, ist die Endlichkeit deiner kurzen und chaotischen Existenz eine Realität, mit der du lernen musst, zu leben. Wenn dein Glück von deiner Fähigkeit abhängt, Vorherrschaft oder Stillstand zu erreichen und aufrechtzuerhalten, wirst du für immer unzufrieden sein. Wie der Philosoph Sam Harris schrieb:

„Selbst wenn alles so gut gelaufen ist, wie es nur gehen kann, geht die Suche nach dem Glück weiter, die Anstrengung, die nötig ist, um Zweifel und Unzufriedenheit und Langeweile in Schach zu halten, geht weiter, von Augenblick zu Augenblick. Die Realität des Todes und die Erfahrung, geliebte Menschen zu verlieren, durchbricht selbst das erfreulichste und erfolgreichste Leben."

Unsere Gesundheit, unser Wohlstand und unsere Beziehungen werden immer anfällig für die vielen potenziellen Tragödien des Lebens sein. Unsere am besten ausgelegten Eckpfeiler können durch Krankheit, Missbrauch, finanzielle Not und unvorhersehbare Katastrophen verformt werden – ausgelöst durch so etwas Triviales wie den Launen des Wetters.

Das Telefon klingelt während des Abendessens an einem beliebigen Mittwoch. Seine Botschaft erschüttert uns bis ins Mark und bringt selbst das stärkste Fundament zum Einsturz. Risse erscheinen in den Ziegeln unseres ummauerten Gartens. Der Boden rüttelt und wirft die Steine um, aus denen der hübsche Weg besteht, um den wir uns so lange gekümmert haben. Einige der Verwerfungslinien werden tief verlaufen, und wir werden keine Möglichkeit haben, sie vollständig zu reparieren. Es bleibt uns nichts anderes übrig, als den Riss flickzuschustern; gerade so, um ihn vorzeigbar zu machen, aber nicht genug, um den Mangel ganz zu beseitigen.

Wie die englische Romanautorin Paula Hawkins schrieb:

„Die Löcher in deinem Leben sind dauerhaft. Man muss um sie herum wachsen, wie Baumwurzeln um Beton; man formt sich durch die Lücken."

Jede von Menschen errichtete Festung wird unweigerlich fallen. Wenn nicht durch Unglück oder Böswilligkeit, dann durch den Zahn der Zeit. Im besten Fall kommst du in eine Patt-Situation mit deinem idealisierten Phantom – du läufst neben ihm her und kannst sogar von Zeit zu Zeit mit ihm Schritt halten. Aber in den kommenden Tagen wird es unweigerlich die Führung übernehmen. Und weiter unten auf der Straße – in den kommenden Jahren – wird das Phantom fast außer Sichtweite sein; so weit unten auf dem Weg, dass du keine Chance haben wirst, es jemals wieder einzuholen.

Während dieses Ziel, einen Zustand ständiger Zufriedenheit zu erreichen, für immer unerreichbar bleiben wird, bietet uns die Kaizen-Methode einen alternativen Maßstab, an dem wir unsere Position im Spiel des Lebens messen können. Wenn du mit einer Herausforderung konfrontiert wirst, kannst du dich entscheiden, dich selbst zu bemitleiden und von einer Fantasiewelt zu träumen, in der all deine Lebensprobleme mühelos ausgerottet werden.

Oder du kannst aktiv werden und deine Ziele in Angriff nehmen.

Erinnere dich an die Kaizen-Frage vom Anfang, die wir uns stellen sollten, wenn wir ein neues Ziel in Angriff nehmen:

Welchen kleinen Schritt könnte ich heute tun, der meine Situation (langfristig) verbessern könnte?

Wenn gestern ein Tag der totalen Untätigkeit war, dann wird buchstäblich *jeder* Schritt, der heute gemacht wird, besser sein als unsere vergangenen Leistungen. Selbst wenn es unserer Person nur gelingt, sich heute für mickrige zehn Sekunden produktiv zu betätigen, sind das immer noch zehn Sekunden mehr, als sie gestern getan hat.

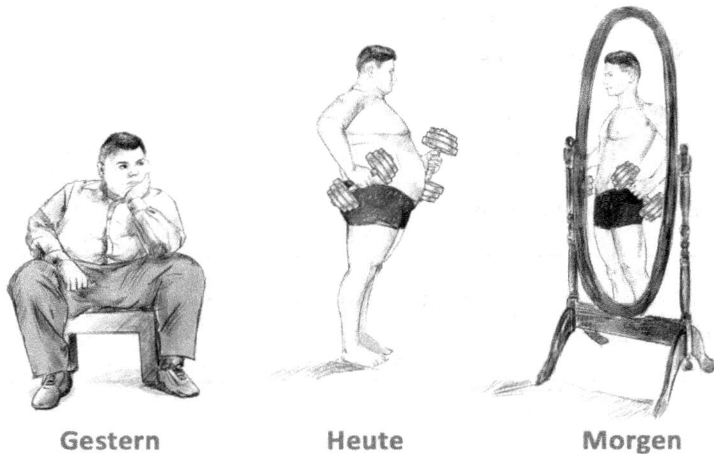

Auch wenn ihre täglichen Handlungen zunächst unbedeutend erscheinen mögen, müssen wir uns daran erinnern, dass jeder aufeinanderfolgende Tag etwas ehrgeiziger sein sollte als der Tag zuvor. So sollte sich mit der Zeit aus einem Zehn-Sekunden-Workout ein Zehn-Minuten-Workout entwickeln. Und diese Sitzungen sollten sich so lange wiederholen, bis unser Proband jeden Tag ein vollwertiges Fitnessprogramm durchführt.

Wie in den vorangegangenen Kapiteln beschrieben, liegt der große Nutzen dieser Methode in der Fähigkeit, eine psychologische Dynamik zu erzeugen, die es uns ermöglicht, unsere Ziele schrittweise zu erweitern. Ein solcher schrittweise Ansatz verhindert, dass wir uns von der vor uns liegenden monumentalen Herausforderung einschüchtern lassen. Stattdessen liegt unsere Aufmerksamkeit auf dem unmittelbaren Hier und Jetzt.

In diesem Schema sind die Vergleiche notwendigerweise naheliegend. Der Erfolg stellt sich mit jedem Vorwärtsschritt ein. Während wir vielleicht eine Vorstellung von einer idealisierten zukünftigen Version von uns selbst aufrechterhalten (z. B. die mit dem perfekten Körper, der perfekten Beziehung oder der perfekten Karriere), verstehen wir, dass sich dieser Zielpfosten immer bewegt. Wir definieren einen ‚erfolgreichen Tag' also nicht als einen, an dem wir ‚ein Tor schießen'. Stattdessen ist ein erfolgreicher Tag einer, an dem es uns gelungen ist, die nötige Hartnäckigkeit aufzubringen, um weiter vorwärtszumarschieren.

Wir müssen uns nicht darum kümmern, unsere Kollegen oder unsere Nachbarn oder eine mögliche Manifestation unseres zukünftigen Ichs zu überholen.

Stattdessen versuchen wir lediglich, die Person zu übertreffen, die wir waren, als wir letzte Nacht die Augen geschlossen haben.

- Dies ist die einzige Person, die wir schlagen müssen.
- Dies ist der einzige Maßstab, an dem wir unsere Bemühungen messen.

Deswegen könnte man auch sagen:

Vergleiche dich mit deinem gestrigen Selbst, nicht mit einem heutigen anderen.

Jagd auf Regenbögen

In diesem Buch haben wir Bilder von Menschen verwendet, die Treppen, Pfade und Berge hinaufsteigen. Eine solche Szenerie ist nützlich, um Metaphern zu erstellen, die die Art des Zielerreichungsprozesses beschreiben. Allerdings ist auch diese Bildsprache mängelbehaftet. Bergsteigererzählungen aus Hollywood neigen dazu, sich auf den kulminierenden Aufstieg zum Gipfel und den Moment des Jubels zu konzentrieren, der von den siegreichen Bergsteigern auf dem Gipfel ausgedrückt wird. Wenn die am Hubschrauber montierte Kamera von unseren Helden wegschwenkt, wird die Szene schwarz und wir müssen davon ausgehen, dass alle glücklich bis ans Ende ihrer Tage gelebt haben.

Aber echte Bergsteiger verbringen selten mehr als ein paar Minuten auf einem neu bezwungenen Gipfel. Ihre Freude ist nur von kurzer Dauer. Ihre verbleibende Energie wird für den langen Abstieg nach unten gebraucht. Außerdem vernachlässigen unsere romantischen Erzählungen oft, was mit den Bergsteigern in den Tagen nach ihrem Abstieg passiert.

- Wir sehen weder die mühsame Wanderung zurück zum Basislager noch die Tage des Schlafs und der Untätigkeit, die nötig sind, um sich von der Bergbesteigung zu erholen.
- Wir erleben nicht die Melancholie der Rückkehr in einen eintönigen Bürojob.
- Wir erleben auch nicht das gierige Verlangen, einen weiteren Berg zu finden, der bezwungen werden könnte.

Wenn du eine Erzählung über die Gipfel und Täler des Lebens verfasst, ist es viel inspirierender, die Geschichte auf einem Gipfel zu beenden als in einem Tal. Aber ein lebenslanges Engagement zur Zielerreichung besteht aus *beidem*.

Immer wenn ein Gipfel erklommen ist, ist in der dunstigen Ferne sofort ein neuer zu sehen; und der Aufstieg geht weiter. Aus diesem Grund gleicht der Prozess der Zielerreichung vielleicht eher einer *Regenbogenjagd* als einer *Bergbesteigung*.

Hast du als Kind jemals versucht, das Ende des Regenbogens zu finden?

- Ist dir aufgefallen, dass der Regenbogen, nach dem du gesucht hast, immer in Bewegung war – die Stelle, an der der Regenboden den Boden traf, war für immer unerreichbar?
- Hast du auch schon einmal gedacht, du hättest den Regenbogen schon fast in der Hand gehabt, nur um dann mit den Augen zu blinzeln und festzustellen, dass er weggezaubert wurde – und jetzt hinter dem nächsten Hang liegt?

Es ist ganz natürlich, zu denken, dass ‚das Leben einfach großartig wäre', wenn wir nur die leuchtenden Farben des Regenbogens ergreifen und auf den grüneren Weiden stehen könnten, auf denen er sich befindet. Das ist natürlich ein Irrglaube. Ein Regenbogen ist keine Trophäe, die man gewinnen und in einer Vitrine verstauen kann. Er existiert, nicht um eingefangen zu werden, sondern um aus der Ferne bewundert zu werden. Auch wenn es uns nie gelingen wird, seine Strahlen lange zu umklammern, können wir unserem Leben eine *bessere Richtung* geben, wenn wir ihn verfolgen.

Dies ist die Essenz von Kaizen:

- Wir messen den Wert unseres Lebens nicht an der Anzahl der gewonnenen Gipfel, sondern an der Anzahl der Tage, die wir bewältigt haben.
- Wir versprechen, dass wir ungeachtet des Sumpfes, in dem wir uns heute befinden, versuchen werden, das Morgen schrittweise besser zu machen.

Verschwende also keine Zeit damit, dich über die zahllosen Anforderungen des Lebens zu ärgern. Heiße stattdessen neue Erfahrungen, neue Wettbewerber und neue Projekte mit offenen Armen willkommen. Umarme die reiche Textur menschlicher Emotionen und Wünsche, die dein Geist dir zur Verfügung stellt. Dabei könntest du eine tiefe Wertschätzung für die kuriosen Eigenheiten der menschlichen Psychologie und für die vielen lebendigen Illusionen unseres bewussten Erlebens entwickeln. Wenn du es erst einmal geschafft hast, ein paar Fahnen auf ein paar Berggipfeln zu pflanzen, wirst du den Nervenkitzel der vielen Wettbewerbe des Lebens vielleicht wirklich genießen.

Wie Mihaly Csikszentmihalyi schrieb:

„Von allen Tugenden, die wir erlernen können, ist keine Eigenschaft nützlicher, überlebenswichtiger und wahrscheinlicher, um die Lebensqualität zu verbessern, als die Fähigkeit, Widrigkeiten in eine angenehme Herausforderung zu verwandeln."

Fazit

In diesem Buch haben wir vier wichtige Konzepte aus Japan und China behandelt: Lingchi, Hansei, Ikigai und Kaizen. Im Rückblick auf die vergangenen Kapitel werden wir uns einen Moment Zeit nehmen, um die in jedem Thema enthaltenen Weisheiten kurz zusammenzufassen.

- **Mit Lingchi (Tod durch tausend Schnitte) haben wir gelernt, dass unerwünschte Lebensereignisse typischerweise nicht auf eine einzige Ursache zurückzuführen sind.** Vielmehr häufen sich Tausende kleiner Verstöße über lange Zeiträume, die schließlich zu einem katastrophalen Ergebnis führen. Daher sollten wir uns bemühen, uns jeder kleinen moralischen Schwäche bewusst zu sein, die im Laufe des Tages auftritt. Z. B. die kleinen Notlügen, die wir unserem Ehepartner erzählen, die extra Portion Kekse, die wir in der Mittagspause verzehren, und unsere morgendliche Unpünktlichkeit am Arbeitsplatz. Für sich genommen ist jede dieser Verfehlungen fast immer zu vernachlässigen. In ihrer Gesamtheit können sie jedoch schädlich für unsere Lebensziele sein.

- **Mit Hansei (ehrliche Selbstreflexion) lernten wir, warum es so wichtig ist, sich einen Moment Zeit zu nehmen, um unser Verhalten kritisch zu analysieren und Bereiche in unserem Leben zu identifizieren, die verbessert werden können.** Durch eine ehrliche Bewertung unserer vergangenen Leistungen hoffen wir, eine Perspektive für unsere aktuellen Stärken und Schwächen zu gewinnen. Diese Daten helfen uns, einen tragfähigen Kurs auf dem Weg der Selbstverbesserung einzuschlagen.

- **Mit Ikigai (deine wahre Berufung) haben wir besprochen, wie die Bürger von Okinawa, Japan, ihren ‚Grund, morgens aufzustehen‘ finden, indem sie ihre persönliche Leidenschaft entdecken.** Während unsere Leidenschaft uns manchmal dazu auffordert, für unser Handwerk zu leiden, kann sie auch die Kräfte der intrinsischen Motivation in uns wecken und uns zu beeindruckenden Leistungen anspornen. Diese Einstellung hilft uns, produktiv zu bleiben – auch in schwierigen Zeiten oder an Tagen, an denen unsere Muse nicht so leicht zu erwecken ist.

- **Mit Kaizen (kontinuierliche Verbesserung) beherrschten wir die Kunst der Zielsetzung über die Verpflichtung zum täglichen inkrementellen Fortschritt.** Und wir haben gelernt, dass selbst die schwierigsten Hindernisse zerschmettert werden können – in überschaubare Aufgaben, die nach und nach erledigt werden. Indem wir die kleinsten Ziele zuerst in Angriff nehmen, bauen wir einen Vorrat an psychologischem Schwung auf, der uns motiviert, zu immer schwierigeren Herausforderungen vorzudringen.

Alle vier dieser Konzepte sind an und für sich wertvoll. Aber ich bin der festen Überzeugung, dass du einzigartige Synergie-Effekte für deine Persönlichkeitsentwicklung erleben wirst, wenn du alle Methoden zusammen anwendest. Soweit ich weiß, ist dies das einzige Buch, das alle vier Konzepte in einem einzigen praktikablen Rahmen vereint. Das ist bedauernswert. Denn meiner Meinung nach ist es schwierig, nur eines dieser Prinzipien umzusetzen, ohne gleichzeitig die anderen anzuwenden.

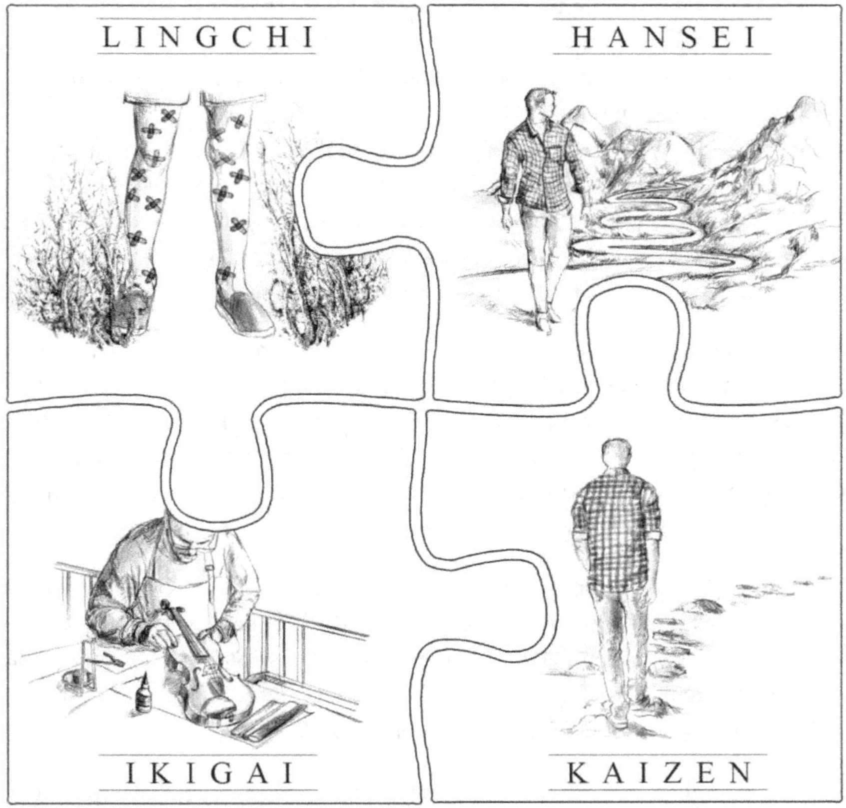

Jede Idee ergänzt die andere.

Das eine fehlt ohne das andere.

- **Lingchi** kann uns lehren, die verhängnisvollen Auswirkungen jeder kleinen Fehlentscheidung zu erkennen. Aber ohne **Hansei** wüssten wir vielleicht nicht, wie wir diese Informationen am besten interpretieren und wie wir einen Plan zur Verbesserung unserer Situation entwerfen könnten.
- **Hansei** ermöglicht es uns, zurückzuschauen und unsere persönlichen Unzulänglichkeiten gründlich zu bewerten. Aber ohne **Kaizen** und ohne unser **Ikigai** könnten wir Schwierigkeiten haben, herauszufinden, wie wir unsere zukünftige Reise gewinnbringender und geistig erfüllender gestalten können.

- **Ikigai** wird uns lehren, unsere wahre Berufung zu finden. Aber ohne die Richtschnur von **Kaizen** zögern wir bei unseren Verpflichtungen und führen die vielen kleinen Schritte nicht aus, die erforderlich wären, um ein Meister unseres Fachs zu werden.

- **Kaizen** wird uns zu effizienteren und produktiveren Arbeitskräften machen. Aber wenn wir ein falsch ausgerichtetes **Ikigai** haben (d. h., wenn wir unseren bedeutungslosen Job hassen), dann sind wir nur ein weiterer Tagelöhner, der Papiere über einen Schreibtisch schiebt, anstatt die Welt mit unseren wahren Talenten zu beschenken.

Ich hoffe, ich konnte dich von den Vorteilen überzeugen, wenn diese vier Konzepte im Einklang miteinander wirken. Hoffentlich bist du jetzt in einer besseren Position, um die vielen Ungereimtheiten der täglichen Zielsetzung zu benennen. Solche Schemata verleiten den Anwender oft dazu, das Problem falsch zu formulieren – den Prozess zu verherrlichen und ihn auf die Trainingssequenz eines Rocky-Films zu reduzieren.

Von Rocky können wir nur wenig lernen. Der Film erzählt die Geschichte eines heruntergekommenen Boxers, der sich ein hohes Ziel setzt und dieses Ziel in weniger als zwei Stunden erreicht. Sylvester Stallone schrieb das Originaldrehbuch zu Rocky in nur drei Tagen – nachdem er 1975 den Kampf *Ali gegen Wepner* im Richfield Coliseum gesehen hatte.

Seit der ursprünglichen Veröffentlichung des Films wurden sieben weitere Fortsetzungen gedreht. Die Filme variieren stark in ihrer Qualität. Aber jede zeigt eine dreiminütige Trainingssequenz, in der Rocky verschiedene Ausdauerherausforderungen meistert: Gewichte heben, rohe Eier essen, Hühner jagen, auf Fleisch einschlagen, Sparring und (am berühmtesten) Betonstufen hochsprinten. Alle diese Übungen werden durchgeführt, während im Hintergrund der Titelsong von Rocky ‚Gonna Fly Now' – geschrieben vom Oscar prämierten Komponisten Bill Conti – gespielt wird.

Abbildung 33 – Sylvester Stallone rannte im Film *,Rocky'* von 1976 die daraufhin berühmt gewordenen 72 Steinstufen des Philadelphia Museum of Art hinauf.

Solche schnellen Filmsequenzen gelten als ein wesentlicher Bestandteil moderner Sportfilme. Wie die Einspielergebnisse von Stallone zeigen, scheinen viele von uns von der Darstellung eines einsamen Mannes, der sich seinen Weg zum Sieg gegen unmögliche Chancen erkämpft, fasziniert zu sein. Die 72 Steinstufen, die zum Eingang des *Philadelphia Museum of Art* führen, haben den Spitznamen ,The Rocky Steps' (Die Rocky-Treppe) erhalten, weil Touristen kommen, um Rockys inspirierenden Aufstieg zu imitieren.

Ich mag diesen Film. Ich glaube, das tut so ziemlich jeder. Wenn es jedoch um die praktische Zielsetzung geht, kann diese ,Rocky-Methodik' sehr problematisch sein.

Wenn Menschen sich vornehmen, ein neues Ziel zu erreichen, neigen sie dazu, den Prozess zu romantisieren. Sie stellen sich vielleicht vor, wie sie eine Treppe erklimmen, für ihre Prüfungen lernen oder Gewichte stemmen – alles mit der gleichen leidenschaftlichen Inbrunst, die so häufig in schnell geschnittenen

Filmsequenzen gezeigt wird. Aber wie viele von uns schon erlebt haben, fühlen wir uns, nachdem wir ein neues Trainingsprogramm begonnen haben, normalerweise nur in den ersten dreißig Sekunden wie Rocky. Danach schleichen sich Müdigkeit und Unbehagen ein. Plötzlich sind die Laufschuhe ein bisschen zu eng, die Sonne ist ein bisschen zu heiß, und das Joggen im Park wird ohne die Begleitung eines Hollywood-Orchesters ziemlich langweilig.

Deshalb sollten wir mit der Inspiration, die wir aus solchen Geschichten ziehen, vorsichtig umgehen. Unsere Filmhelden können ihre Körper nach einem 3-Minuten-Song in die perfekte Verfassung für den Meisterschaftskampf stählen. Und nach 120 Minuten Drama sind all ihre Lebensprobleme gelöst.

Aber Ziele werden in der realen Welt selten nach einem dramatischen finalen Schlag erreicht. Unsere Ziele brauchen oft Jahrzehnte, um sie zu erreichen, und unser Lebensweg ist mit immer neuen Hindernissen gespickt.

- Hast du deinen Schulbus verpasst?
- Hast du die Uni abgebrochen?
- Wurde dir der Job gekündigt?
- Bist du mit der Miete für den letzten Monat im Rückstand?
- Hat dein Ehepartner dich verlassen?
- Wurde bei dir eine Krankheit diagnostiziert?
- Hattest du einen Todesfall in der Familie?

Es sind Tage wie diese, an denen wir am ehesten dazu neigen, unsere Ziele ganz aufzugeben. An Tagen wie diesen neigen unsere Träume dazu, sich aufzulösen. Wir benutzen solche Rückschläge oft als Ausrede, um unsere Verpflichtungen aufzuschieben.

Und anstatt schrittweise voranzukommen, entscheiden wir uns dafür, einfach im Bett zu bleiben – und beklagen die Schwierigkeiten des Lebens und fragen uns, warum die Dinge nicht einfacher sein können.

- Wäre es nicht schön, wenn du all deine Probleme einfach wegblinzeln könntest?
- Oder wenn du mit den Fingern schnippst und dir selbst das perfekte Haus, den perfekten Ehepartner und das perfekte Sixpack schenken könntest?

- Was wäre, wenn du wirklich in einem Paradies auf Erden leben würdest? Ein Ort, der frei von den Herausforderungen des Lebens ist; ein Ort, der speziell dafür geschaffen wurde, dich in einem Zustand völliger Zufriedenheit zu halten.

Ist es wirklich das, was du willst?

Die Erlebnismaschine

In seinem 1974 erschienenen Buch *‚Anarchie, Staat und Utopia'* (im Original: ‚Anarchy, State, and Utopia') entwarf der amerikanische Philosoph Robert Nozick ein Gedankenexperiment, in dem Psychologen der Zukunft herausfinden, wie man angenehme Reize künstlich im Gehirn hervorrufen kann. Ihre Maschine ist in der Lage, Erlebnisse zu generieren, die so plastisch sind, dass die gerenderten Szenarien von unserer Realität nicht zu unterscheiden sind. Die Handlungsstränge können sogar auf die Vorlieben des Einzelnen zugeschnitten werden. Auf Knopfdruck kann er mit einem Gleitschirm über den Grand Canyon gleiten, ein Panzerbataillon kommandieren oder mit einem Porsche 918 Spyder über die Autobahn rasen.

Abbildung 34 – In Robert Nozicks Gedankenexperiment wird ein Proband gefragt, ob er es vorziehen würde, seine Tage in einer virtuellen Umgebung zu verbringen, die in der Lage ist, unbegrenzte angenehme Erfahrungen zu simulieren.

Und jetzt kommt die große Frage:

Wenn du die Wahl hättest, würdest du dich dafür entscheiden, deine Tage in der realen Welt zu verbringen, oder würdest du dich an jedem deiner Augenblicke auf Erden an Nozicks ‚Erfahrungsmaschine' klammern, in der alle deine Hoffnungen, Träume und Wünsche sofort erfüllt werden?

Von diesem Gedankenexperiment gibt es viele Varianten. Aber wenn es in seiner ursprünglichen Form präsentiert wird, ziehen es die meisten Menschen vor, in ihrem alltäglichen, eintönigen Leben zu bleiben, anstatt sich einer künstlichen Realität anzuschließen.

Science-Fiction-Fans dürften die Ähnlichkeiten zwischen Nozicks simulierter Welt und der im Film *‚The Matrix'* von 1999 dargestellten Welt schnell bemerken. Die Wachowskis (als Fans der Neurophilosophie) wurden teilweise von Nozicks Gedankenexperiment beeinflusst, als sie das Drehbuch schrieben. Gegen Ende ihres Films verrät der Antagonist (Agent Smith), dass die erste Version von The

Matrix ein ‚Paradies auf Erden' war. Die Menschen mussten nicht jeden Tag für ihren Lebensunterhalt schufften. Die Matrix bot alles, was sich die Bewohner wünschten. Folglich war die erste Matrix (wie Agent Smith es nannte) ‚ein Desaster'. Die Menschen ‚lehnten das Programm ab' – sie begingen angeblich massenhaft Selbstmord.

Auf einer gewissen Ebene verstehen wir alle, dass ein Leben, das auf der Suche nach den greifbaren Erfahrungen der Realität (im Guten wie im Schlechten) gelebt wird, einem Leben, das in einer Traumwelt verbracht wird, vorgezogen werden sollte. Solche Welten müssen nicht unbedingt aus einer Virtual-Reality-Simulation stammen. Es gibt viele Mittel, mit denen Menschen die Last des Lebens verdrängen; Drogenkonsum, Glücksspiel, Internetsucht, Kaufsucht, Alkoholismus – jedes dieser Mittel hat die Fähigkeit, die Ecken und Kanten der Realität stumpf werden zu lassen. Aber solche Formen der Flucht aus der Realität machen den eigentlichen Sinn unserer Anwesenheit in der realen Welt zunichte.

Obwohl unsere Probleme zahlreich sind und die Last der bloßen Existenz manchmal unerträglich ist, ist es das Streben, uns selbst zu verbessern, das dem Leben *Sinn* verleiht. Wie Jordan Peterson gesagt hat:

„Das Leben ist hart. Es ist mit Böswilligkeit und Verrat behaftet. Das kann dich verbittert zurücklassen. Du brauchst Sinn, um das auszugleichen. Wo ist dieser Sinn zu finden? Nicht in Rechten, nicht in impulsiven Vergnügungen, sondern in Verantwortung. Man übernimmt Verantwortung für sich selbst... Wenn man gut darin ist, bleibt etwas Überschuss übrig, um sich um seine Familie zu kümmern. Wenn du in beidem gut bist, dann hast du etwas Überschuss übrig, um dich um deine Gemeinschaft zu kümmern. Das sind schwere Lasten... Der Sinn des Lebens besteht darin, die größte Last zu finden, die man tragen kann, und sie dann zu tragen... Der beste Weg, die Last aufzunehmen, ist, *sich ständig zu verbessern*. Und genau darin liegt der Sinn... Der Sinn liegt in der *ständigen Selbsttranszendenz*."

Die amerikanische Psychologin Pamela G. Reed definierte ‚Selbst-Transzendenz'
als:

**„Die Fähigkeit, die eigenen Grenzen zu erweitern... hin zu einem
größeren Bewusstsein der eigenen Philosophie, Werte und
Träume..."**

In der Tat, was sonst könnte der Sinn einer Zielsetzung sein?

Wir setzen uns Ziele, damit wir wachsen können. Um unsere derzeitige Kapazität
zu erhöhen, setzen wir die Segel, um unsere Träume zu verfolgen – eine Reise,
auf die wir uns begeben, obwohl wir wissen, dass es keinen endgültigen
Anlaufhafen gibt. Obwohl wir immer wieder vom Paradies träumen (auch bekannt
als Elysium, Erewhon, Eden oder El Dorado), wissen wir, dass dieser Ort nicht
wirklich existiert; er dient lediglich als Vorwand für unsere Suche. Es wird kein
endgültiges Ziel geben. Der Weg ist das Ziel.

Der schottische Romancier Robert Louis Stevenson reflektierte ähnliche Themen
in seinem 1878 erschienenen Essay (passenderweise mit dem Titel) ‚El Dorado'.
Er schrieb:

**„Wenn wir einen Kontinent entdeckt oder eine Gebirgskette
überquert haben, ist es nur, um auf der anderen Seite einen
anderen Ozean oder eine andere Ebene zu finden... Wenig wisst
ihr von eurer eigenen Glückseligkeit; denn hoffnungsvoll zu reisen
ist besser, als anzukommen, und der wahre Erfolg ist die Arbeit."**

Egal, wie viel Geld du verdienst oder wie viele Lebensprobleme du an andere
delegieren kannst – du wirst immer mühsam eine Last (von einiger Größe) auf
deinem Rücken tragen. Egal, was heute passiert, es wird immer ein weiteres Ziel
geben, das du morgen erreichen kannst. Sich Ziele zu setzen ist ein wesentlicher
Bestandteil der menschlichen Erfahrung. Du wirst nie aufhören können, dir Ziele
zu setzen, selbst wenn du es wolltest. Und was deine wichtigsten Ziele betrifft –
die Erhaltung deiner Gesundheit, deines Reichtums und deiner Beziehungen – so

werden diese täglich deinen Einsatz abverlangen, bis zu dem Tag, an dem du von uns gehst.

- Es wird keinen Zeitpunkt geben, an dem deine To-do-Liste leer ist.
- Es wird keinen Gipfel geben, auf dem du zur Ruhe kommen wirst – ewig gesättigt in einem Zustand unendlicher Glückseligkeit.
- Es wird kein dramatisches Crescendo in deinem Leben geben.

Stattdessen ist der Weg selbst das Einzige, was dich garantiert auf deiner Reise begleiten wird. Auf diesem Weg wird es flüchtige Momente des Glücks und große Siege geben, die die Gefühle von Erfüllung und Stolz hervorrufen. Solche Momente sollten weiterverfolgt werden. Solche Emotionen sollten mit Dankbarkeit empfangen und gefeiert werden – alles mit dem Verständnis, dass solche Emotionen (absichtlich) flüchtig sind. Sie sind lediglich die angenehmen Nebenprodukte des Strebens nach Glück. Das Streben selbst wird niemals enden. Wenn die Siegesfeier vorbei ist und der Abend sich dem Ende neigt, steht dein Chauffeur vor der Tür – bereit, dich nach Hause zu bringen, damit du morgen wieder früh aufstehen kannst, um einen neuen Arbeitstag zu beginnen.

Wie der buddhistische Mönch aus den USA, Jack Kornfield, schrieb:

„Wir alle wissen, dass nach den Flitterwochen die Ehe kommt [und] nach der Wahl kommt die harte Aufgabe des Regierens. Im geistigen Leben ist es dasselbe: Nach der Party kommt das Aufräumen."

Morgen gibt es einen neuen Wettkampf, an dem du teilnehmen kannst. Die Route schlängelt sich eine endlose Steigung hinauf, die nur gelegentlich von Wendepunkten unterbrochen wird. Auf diesem schrägen Weg läuft deine Wanderung entlang. Die Belastung der Muskeln durch das Gewicht des Rucksacks wird nur durch die Freude an der Entdeckung und das Versprechen einer neuen Reise, deren Ende noch nicht feststeht, übertroffen.

So wirst du jeden Morgen aufwachen; gefangen in diesem menschlichen Dilemma.

In dieser göttlichen Zwickmühle.

In der griechischen Mythologie erwachte Sisyphos und befand sich in einer ähnlichen Lage. Hades, Gott der Unterwelt, verdammte ihn dazu, einen Felsbrocken auf ewig einen Abhang hinaufzurollen, nur um ihn jedes Mal, wenn er den Gipfel erreichte, wieder hinunterrollen zu lassen.

Wenn es um menschliche Leistungen geht, arbeitet der Verstand in ähnlicher Weise. Jedes Mal, wenn es dir gelingt, ein Lebensziel zu erreichen, wird dir eine vorübergehende Auszeit gewährt. Aber während du dich ausruhst, wird der Felsbrocken deiner Arbeit in seine Standardposition rutschen – und dich dazu auffordern, die tägliche Plackerei wieder von vorne zu beginnen.

Zum Glück können wir mit Kaizen lernen, diese Sisyphos-Aufgaben zu bewältigen. Und wenn du dein Ikigai (deine ‚wahre Berufung') entdecken solltest, hast du große Freude an deiner Arbeit.

Der französische Philosoph Albert Camus kam zu einer ähnlichen Epiphanie nach seinen eigenen Versuchen, sich mit dem Schicksal des Sisyphos zu versöhnen. Er schloss daraus:

„Ich lasse Sisyphos am Fuße des Berges zurück... Man findet seine Last immer wieder. Aber Sisyphos... kommt zu dem Schluss, dass alles gut ist... Jedes Atom dieses Steins, jede Mineralflocke dieses nächtlichen Berges bildet in sich selbst eine Welt. Der Kampf selbst – hin zu den Höhen – ist genug, um das Herz eines Mannes zu füllen.

Man muss sich Sisyphos glücklich vorstellen."

Alles Gute auf deinem Weg.

Wie hat dir das Buch gefallen?

Danke, dass du mich auf dieser Reise begleitet hast. Ich hoffe von Herzen, dass du Gefallen an dem Buch gefunden hast. Wenn ja, dann würde ich mich über eine Rezension freuen. Für einen unabhängigen Autor wie mich bedeuten Rezensionen *alles*, und ich lese jede einzelne persönlich.

Oder, wenn du Vorschläge hast, wie ich mein nächstes Buch verbessern kann, kontaktiere mich über meine Website unter AnthonyRaymond.org. Ich freue mich darauf, von dir zu hören.

Nochmals vielen Dank!

Anthony Raymond

www.AnthonyRaymond.org